中等社会科の理論と実践

二谷貞夫・和井田清司　編

学文社

はしがき

本書は，中学・高校の現場で創造的な実践を切りひらいてきた「教師たちの挑戦」を紹介するものである。「中等社会科の理論と実践」と銘打っているが，ここでいう中等社会科とは，中学「社会科」，高校「地理歴史科」および「公民科」の３つをふくめた呼び方である。

社会科といえば暗記もの。地名・人名・年代を覚えるもの。そう思い込んでいる市民や学生に手にとっていただきたいと願っている。社会科の授業はこんなにおもしろいものなのだ。そして，社会のあり方を考えるものなのだ。どの実践を読んでも，そうした実感を感じていただけるだろう。

さらに，主に中等社会科を担当する教師の皆さんにも読んでいただきたい。そして，皆さんの授業の参考にしていただきたい。こんにち，教師や学校に対するまなざしはきびしいものがある。しかし，魅力的な授業づくりをめざして努力する学校や教師にたいし，生徒や父母は期待と支持をよせることであろう。

そして私たちが最も期待するところは，明日の社会科をになう教職志望の学生に，ぜひ本書を活用していただきたいと願っている。編者や世話人は，みな中等社会科の教師を経験し，その後大学の教科教育法を担当してきた経歴をもっている。ところで，中等社会科の教師を養成する場は，私立大学が多い。私立大学の教育学部（学科）や教職課程は，ややもするとマスプロ教育で，通り一遍の講義が少なくない。また，学生たちも，自分の「生徒」体験をもとに社会科の授業をイメージするので，ステレオタイプの社会科授業観からなかなか抜けだせないこともある。そうしたジレンマを克服し，未来の教師である教職志望学生（student teacher）たちに，社会科の叡智を伝えたい。

マスプロ化しやすい私立大学の授業を改革し，社会科教育実践の可能性や魅力を伝えるものにしたい。大学の授業をとおして，教材研究・授業デザイン・授業スタイル全体を，柔軟にまた創造的に開発する力を身につけてほしい。そのために，創造的な授業を開発してきた教師の実践を紹介し，斬新な教科教育法のテキスト（参考書）を編集したい。本書は，そのような動機から構想されたものである

執筆者は，全国各地の学校で，最前線の授業を創りあげている教師たちである。執筆者には，自身の実践とその「解説」にとどまらず，実践の基盤となる理論・ねらい・指導上のポイント・効果など，可能な範囲で書いていただいた。読者のもつ社会科のイメージをとらえ直すきっかけとなればありがたい。

なお，本書は，全体を２部で構成している。第１部は総論部分である。教科教育法のテキストとして使用可能なスタイルにするために，総論部分では，社会科教育の任務と課題，社会科授業づくりの可能性と課題，地理・歴史・公民各分野の問題点と課題などについて叙述した。

第２部は各論（実践編）であり，本書の中軸となる部分である。同時に，本書の特色でもある。地理・歴史・公民各分野から，執筆者自身の実践をわかりやすく書いていただいた。

なお，本書は，編集世話人の方のご助力によって刊行までこぎつけることができたものである。相澤善雄氏（地理分野）・大野一夫氏（歴史分野）・若菜俊文氏（公民分野）の三人の編集世話人の皆様には，執筆者への依頼，原稿の調整，各分野の実践へのコメント等，多方面にわたり献身的なご支援をいただいた。

また，学文社の三原多津夫氏には，出版事情のきびしいなか，本書の意義をご理解いただき，ご協力いただいた。以上の皆様に，記して深謝するものである。

2007年３月

二谷　貞夫（編者）
和井田　清司（編者）

目　次

各論(1)：地理

各論(2)：歴史

各論(3)：公民

総　　論

第1章　21世紀地球社会における中等社会科の課題と期待

二谷貞夫

はじめに

社会科が日本の学校教育に正式に登場したのは，1947年である。そして，半世紀を経た。その間，社会科は，教育課程の変遷とともに，教科目編成・単位数なども変わり，1989（平成元）年版学習指導要領では，小学校低学年では，理科とともに社会科が消えて，生活科が誕生し，高等学校では，「地理歴史科」と「公民科」の２教科に「社会科」が再編成された。狭い意味では，社会科は小学校３年から中学校３年までの７年間に縮小された。その後，1998（平成10）年の教育課程には，「総合的な学習の時間」が設けられ，国際理解，情報，環境，福祉・健康など横断的・総合的な課題が提示され，児童生徒の興味や関心に基づき，地域や学校の特色に応じた諸課題などを取り組むようになった。実際の学校での取り組みや実践研究報告を読むと，社会科学習の本来の姿を見るようである。いま，新たな教育改革のなかで，社会科にどういう方向性が示されるのか，期待される。

本書では，中学校「分野社会科」および「選択・社会」，高等学校の「地理歴史科」と「公民科」を包括して中等社会科と呼び，本書の書名に使っている。

1　社会科の精神を生かして

成立当初の「社会科」（初期社会科という）は，総合的社会科（「一般社会科」）であって，その学問観は，社会科はいわゆる学問の系統によらず，青少年の現実生活の問題を中心として，青少年の社会的経験を広め，また深めようとするものであった。この立場は学習方法において顕著であり，生徒の経験を中心として，学習内容を数個の大きい問題にまとめて学習を進めるという方法をとっていた。たとえば「日本列島は，われわれに，どんな生活の舞台を与えているか」（中１），「われわれの政治はどのように行われているであろうか」（中３），「日本国民はどのように民主主義を発展させつつあるのか」（高１）のように，学年ごとの経験領域を組織した問題単元で編成された。教科書もそうした問題単元で作成されていた。

中学校初期社会科実践の記録として参考となるのが，無着成恭編『山びこ学校―山形県山元中学校生徒の生活記録―』である。この本は1948年３月に山形師範を卒業したばかりの教師無着成恭と同じ年の４月中学に入った43人の生徒たちによる教育実践がまとめられて，1951年に出版された。教師たちのバイブルとなった。

「私たちの先生が，はじめてきたとき，「勉強とは，ハテ？　と考えることであって，おぼえることではない。そして，正しいことは正しいといい，ごまかしをごまかしであるという目と，耳と，いや，身体全体をつくることである。そして，実行できる，つよいたましいを作ることである。」と壇の上で，さけんでから，もう１年たった。そのあいだ，どんなときでも，先生は，このことを忘れさせなかった。自治会はもちろん，どんなちっぽけなことでも，充分ロンギさせ，考えさせることを忘れなかった。……社会科で，「僕達の手で最も正確な統計表をつくって見よう」ということが決議され，村を部落ごとに，いっけん，いっけん，まわって調べた結果，はじめの考えとは，まるっきり反対の，どこの部落がいちばんうそつきか，ということがわかったではないか。先生は，「それでいいのだ。それでいいのだ。そこで，君達は何を考えるかが問題なのだ。」といったきりだ。それも顔にわらいさえうかべて。……」（『くぼ』川合義憲，岩波文庫版，236～237頁，1995年）

当時の社会科の授業と子どもたちの様子が伝わってくる。無着は，『山びこ学校』のあとがきで，「くり返して云えば，私は社会科で求めているようなほんものの生活態度を発見させる一つの手がかりを綴方に求めたということです。だから，この本におさめられた綴方や詩は結果として書かれたものではなく，出発点として書かれたものです。一つ一つが問題を含み，一つ一つが教室の中で吟味されているのです。」と述べている。大人も子どもも一体となっている生活現実のなかで学習が成り立っている。そして，子どもたちにとって，学びは結果ではなく，これからのまさに出発点であり，社会への旅立ちである。社会科はいつも現実の社会を見つめ，どう生きるかを突きつめる教科であった。

その後，1951（昭和26）年，講和条約が締結されると，独立した国際社会に復帰した日本は，日米安保体制のもとで再軍備，占領政策是正，教育行政の中央集権化，学習指導要領・教科書など教育内容に関する国家的統制とともに，愛国心教育・道徳教育の推進が叫ばれるようになった。

こうした中で，戦後日本の民主化を進める新教育の中心的花形教科社会科に対する批判はことのほか強まった。「無国籍的・植民地的であり，ごっこやはいまわる経験主義の学習だ」などの非難が社会科に浴びせられた。当時，国民文化会議の代表者であり，再軍備反対の署名運動などの世話人であった歴史学者上原専禄は，「現代日本における社会科の使命」(1)を著し，次のように述べている。

「社会科は日本の子どもにはじめて，自己を社会の能動的担い手の一員であるという知識と観念とを与えた。単に知識としてでなく，観念と意識として，このことを子どもたちに自覚させたということは，日本の教育史上はじまって以来最初のことであるといわねばなるまい。社会というものは，自分の外側に，自分から離れて存在しているものでもなければ，外部から自分に与えられたものとして存在しているものでもない。もとより社会は自分より先に存在するものであるが，社会の一成員となると同時にその社会は自分自身によっても担われ，自分自身によっても推しすすめられていき，自分自身によっても築きあげられていく何ものかとして意識せられる。大は人類社会から小は家庭にいたるまで，それらは，ことごとく自己を能動的担い手の一員としてたえず形成せられてゆく生きた集団なのである。その集団において自己は人格の主体として，それにふさわしい尊敬が払われるべきであると同時に，その尊敬に照応して自己はその社会の存在と形成における責任ある人格でなければならない。およそ，このような観念と意識を子どものものたらしめようと努力し，かつその努力が何ほどかの成果をあげることができたのは，この社会科ではなかっただろうか」(2)。

こうして述べて上原は，現代日本の具体的で現実的な歴史的・政治的問題情況に限られた使命をはたしうる能力というものは社会科に備わっていると結論づけている。社会科が日本の教育にとって，いかに大きな意味を持つものかを上原は 1950 年代にあきらかにしたのである。

そして，戦後 50 周年を迎えた 1995 年，『山びこ学校』が岩波文庫に入った。そのあとがきで，無着は「明治維新のとき自らを後進国と自認した日本は，軍隊が強くなれば世界は認めるだろうということで，天皇を絶対なる神であると措定し軍国主義で日本人の心をコントロールしてきました。それが崩れた一瞬のすきにできたのが『山びこ学校』です。しかし，池田首相の所得倍増論をきっかけに，こんどは，お金もちになれば世界中が認めるだろうということで経済主義教育につっぱしり，いじめ，登校拒否，オウム教などの今日的状況を作りあげているわけです。そこで私は，日本人が人間として，地球市民として生きようとするとき，その原点を探る資にしていただきたく，岩波文庫にいれる決心をしました」と述べている。その「一瞬のすきにできた『山びこ学校』」だからこそ，まさに現代への問題提起の書であり，教育を考える源のひとつである。21 世紀に入って，激変のいま，社会科の精神を常に求めていく社会科教師であってほしい。

2　社会科観３つの潮流と社会科実践の観点

社会科は，社会認識の形成とともに公民的資質の基礎を培う教科と考えられる。こうした目標は，次のような３つの教科観の潮流によって支えられてきた。

①　市民として必要な知識や価値を大人が子どもに伝達する教科
②　社会諸科学の成果や方法の学習を通して市民を育成する教科
③　身近な問題や葛藤の解決など反省的探究を通して市民を育成する教科

こうした社会科観は，アメリカ合衆国における市民社会を形成していくうえで，求められてきた社会科教育の潮流である。

①は市民性を伝達するための社会科観であるが，学習内容は，まさに必要な知識や価値・信念・態度などが教科書や教師の権威によって選択され，講義や暗誦，質疑応答などの方法を通じて学習される古典的ともいえる社会科学習である。

②は社会科学としての社会科観である。市民性は社会科学の概念やその過程・問題の習得を通じて培われるので，学習内容は，社会科学の学問の構造・概念・問題・過程など正しい内容をもって構成されている。学習方法としては発見が重視される。資料の収集や知識を活用した実証など社会科学の方法が活用される。

③は反省的探究としての社会科観である。①や②に対して市民性は探究過程を通じて促進され，そのなかで知識は意思決定や問題解決のために自ずと市民として必要な事柄が引きだされる。方法として反省的探究によるので，学習内容は，常に問題や課題によって，洞察することで葛藤して獲得されると考えられる。

これらの３つの社会科観は，日本の社会科教育実践においても同様の潮流として整理できる。しかし，それぞれの教師による実践がどこに力点がおかれるかで異なるが，３つの社会科観がめざすものは，市民性を学習者がいかに獲得するかという点において，そのゴールは同じであり，日本の社会科の目標である公民的資質を培うことである。

その公民的資質をいかに培うのか。学習内容から考えられる社会科教育の実践的課題はどういうものであるか。筆者は以前，社会科教育の取り組むべき学習の観点として次のようなものを掲げたことがある(3)。

①　あらゆる差別や偏見を克服する人権教育という観点を貫くこと。

② 戦争学習を通じて，非戦，反核・軍縮の平和教育という観点を貫くこと。
③ 生きて働く身近な地域の現実を歴史とともに問い続ける観点を貫くこと。
④ 民衆・民族が社会・歴史の創造主体であることを自覚する観点を貫くこと。
⑤ 多文化・多民族の共存・連帯をめざす民族観の育成という観点を貫くこと。
⑥「自国・一国史」的な国家史偏重の一元的な歴史認識を克服する観点を貫くこと。
⑦ ヨーロッパ中心史観の世界史認識を克服し，日本史との統一的把握による自主的な世界史像の形成をめざす観点を貫くこと。
⑧ 社会正義を貫く主権者を育てる現代民主主義に対する自覚的な観点を貫くこと。
⑨ 人類意識（世界市民意識）の形成をめざした国際理解教育・開発教育・環境教育の観点を貫くこと。

1990年代を通じて，①～⑨の課題は，社会科を実践する教師にとっての課題であった。また，生徒自身が学習に参加する基礎的基本的な観点でもある。そして，教師自身が，日々生徒と向き合って，考えていく観点であった。これらは，21世紀の高度情報化社会のなかで，情報に振り回されず，現代世界をいかに把握するかというとき，正確な情報処理能力が求められるが，そのとき，総合的判断する学習上の観点としていまだに必要な実践的課題である。

3　良識ある国民をめざす公民的資質

社会科は，社会認識の形成と公民的資質の基礎を培う教科である。「中学校学習指導要領」も次のような目標を掲げている。

中学校社会科は，地理的分野，歴史的分野，公民的分野の目標として「広い視野に立って，社会に対する関心を高め，諸資料に基づいて多面的・多角的に考察し，我が国の国土と歴史に対する理解と愛情を深め，公民としての基礎的教養を培い，国際社会に生きる民主的，平和的な国家・社会の形成者として必要な公民的資質の基礎を養う」(1998年版学習指導要領) とある。

ここで「公民的分野」の成立と公民的資質についてふれておこう。1969 (昭和44) 年告示の学習指導要領で登場した分野であり，それまでの「政治・経済・社会的分野」を廃止して登場したものである。当時社会的には公害問題があり，水俣病などの公害学習も始まっていた。この公民的分野ができた当時の『中学校指導書社会編』(1970年) では，公民的資質について次の５つが掲げられていた。

◎　国民主権の原則にふさわしい国民になろうとする自覚

◎　自分たちが，地域社会および国家の担い手であるとの自覚とその発展に尽くそうとする態度

◎　政治・経済・社会・国際関係などに関する豊かな教養

◎　自由・権利と社会的責任・義務についての正しい認識

◎　権利・義務の主体者として自主的に行動するための諸能力

これらは，あくまでも戦後一貫した日本国憲法の精神に基づいた「国民主権を担う公民」の育成をめざしたものである。

戦後すぐ文部省は，日本国憲法に関する教科書をつくった。中学１年用の『あたらしい憲法のはなし』(1947年８月) と高校１年の単元に従ってつくられた『民主主義』(1948年10月～49年８月) である。

作家の大江健三郎は，当時の教育を回想している。

「ぼくは上下二冊の『民主主義』というタイトルの教科書が，ぼくの頭にうえつけた，熱い感情を思い出す。……「民主主義」を教科書に使う新しい憲法の時間は，ぼくらに，なにか特別のものだった。そしてまた，修身の時間のかわりの，新しい憲法の時間，という実感のとおりに，戦争からかえってきたばかりの若い教師たちは，いわば敬虔にそれを教え，ぼくら生徒は緊張してそれを学んだ。ぼくはいま《主権在民》という思想や，《戦争放棄》という約束が，自分の日常生活のもっとも基本的なモラルであることを感じるが，そのそもそもの端緒は，新制中学の新しい憲法の時間にあったのだ」(『厳粛な綱渡り』上，文春文庫，192～193頁，1975年)

社会科教育は，日本国憲法が指し示す，良識ある公民である日本国民を育成

することを最も基本的な任務とするものであったといえよう。1998（平成10）年の上記の学習指導要領にあっては，「公民としての基礎的教養を培う」と表現されている。公民として必要な基礎的教養とは，新教育基本法（2006年12月公布）の第14条（旧第8条）「良識ある公民たるに必要な政治的教養は教育上これを尊重しなければならない」を受けたものである。したがって，教養という言葉は，単にばらばらな知識を詰め込むのではなく，それが能力となり，態度となっていくことがめざされることになる。つまり，第1節で述べたように社会科の精神を読み取っていくことが大切なのである。

まとめ――現代の課題に立ち向かう社会科実践

1990年代後半以降，在日韓国・朝鮮人，在日中国人などのオールド・カマー（従来からの在日外国人）に対して，ブラジル日系人や中南米，中東，アフリカ，東南アジアからの就業者が多くなった。このニュー・カマーといわれる外国籍住民の急増による「内なる国際化」の進展は，日本国民に対して，人権意識の高揚とともに，世界市民としての公民的資質の向上を要請している。

また，冷戦の終結，ソ連邦の崩壊など，激変する世界政治は経済の急激なグローバル化を導いた。その結果，環境とエネルギーの問題，グローバルエコノミーの正と負の位相問題，グローバル軍事システムの問題，人間の安全保障の問題，紛争と人道的介入問題など，単に，北の先進工業国と南の開発途上国の経済的格差の問題にとどまらない，グローバル・イシューへ取り組む必要性が日増しに増大している。

そうしたなかで，世界的に進む教育改革は，各国ともに国益中心「学力」重視の「内向き」教育改革の傾向も強いが，社会科の精神から考えれば，多文化共生時代にふさわしい「外向き」の教育＝南北格差を真に是正する開発教育，環境教育，国際理解教育を重視した教育改革が求められている。

21世紀に入って，9.11事件以降の世界の動きは，「ネオコンの論理とその暴力」が，国際協調と多文化共生を許さず，そこまで極端に暴力が支配しないとしても，ホッブス流の「万人の万人に対する闘い」となって，格差を広げている。また，マスコミを動員して「リヴァイアサン」が，あたかも正義であるかのように認識されるような様相も強引につくり出されている。単なる国家間・国民間の相互理解を進めるだけでない，地球の一地域に暮らす一住民としての相互理解と共生・連帯をどう保障していくのか。そうした課題が地球上で暮らす人類のひとりとして求められているといえよう。そのためには，非戦・平和の論理を獲得して主体的に行動する世界市民像が，一人ひとりの社会科学習を通じて形成されていかなければならない。

それは，決して過激な行動を求めるものではない。ごくありふれた一地域の共同体をベースにした小市民が幸福を求め，環境やエネルギー問題を考えて暮らすということである。そうした賢い世界市民が地球規模で連携し，強力な世界秩序を生むという希望ある社会科教育が求められている。本書はそうした資質や能力を培う社会科実践を満載した教師用書である。

注

（1）　勝田守一，宮原誠一・宗像誠也編『日本の社会科』国土社，1953年。

（2）　引用は，『上原専禄著作集 12　歴史意識に立つ教育』同論考，p.182。

（3）　1991年度日本社会科教育学会研究大会（信州大学開催）で行われたシンポジウム「社会科教育の新しい実践的課題にどう取り組むか」で提案したもの。なお非戦など若干の加筆・修正し，表現を明確にした。

第2章　社会科授業づくりの可能性と課題

和井田清司

1　社会科の醍醐味──社会研究の体験を

1947年に社会科は誕生した。その直後，社会科は輝いていた。当時の回想である（『社会科教育の本質と学力』労働旬報社，1978年，45頁）。

「中学校時代の社会科を思い浮かべてみると，何か学校生活のすべての楽しさがそこにあったように思う。……農村に行ってみたり，キャラメル工場に行ってみたり，町役場や漁師町を調べたり，お互いが調べたことを発表しあったりした。」

だがその後，社会科（以下，本稿では地歴科・公民科を含む）は暗記科目のイメージが強くなる。先の回想は，「わが家の子どもを見ていると，教科書を暗記するばかりだ。社会科というのは聞いても聞いていなくてもいいんだよ。参考書を見ればテストの時役に立つ。先生だって社会科は苦労しているよと子どもはいう」と続き，「社会科がある日は心楽しかったというような社会科に返ってほしい」と結んでいる。

なぜ社会科は，かつての輝きを失ったのか。そして，どうすればいいか。そこで社会科の原点を確認しよう。成立期の社会科学習指導要領に，こうある。

「今度新しく設けられた社会科の任務は，青少年に社会生活を理解させ，その進展に力を致す態度や能力を養成することである。そして，そのために青少年の社会的経験を，今までよりも，もっと豊かにもっと深いものに発展させて行こうとすることが大切なのである。」

では，こうした目的を達成するには，どのような指導が必要か。

「児童や青年は，まず，自分で自らの目的をもって，そのやり口を計画し，それによって学習をみずからの力で進め，更に，その努力の結果を自分で反省してみるような，実際の経験を持たなくてはならない。だから，ほんとうの知識，ほんとうの技能は，児童や青年が自分でたてた目的を満足させようとする活動からでなければ，出来てこないということを知って，そこから指導法を工夫しなければならないのである。」

ここには，子どもの経験を豊かにすることを通して認識力と実践力を統一的に身につけさせ，民主的社会人を育成しようとする姿勢があらわれている。経験によってほんとうの知識や態度が身につくのであり，その方法として科学的思考方法である問題解決学習が重視された。このようなとらえ方は，従来の教育観を大きく転換するものであった。

社会科は英語では「Social Studies」で，「社会研究」を意味している。社会科の性格は，子どもたちが自らの経験で社会を研究し，科学的認識力と社会的実践力を培うものである。こうしてこんにち，暗記主義・知識主義の社会科から，子どもが探究する本来の社会科への再転換が求められている。

2　社会科授業づくりのポイント――学ぶことは変わること

授業は，どのような要素によって構成されるものであろうか。自明のことだが，授業には３つの要素がある。授業を創造するには，この３要素への研究が不可欠である。

第１は，教材である。社会科の場合，社会に関する諸事象を空間的・時間的広がりのなかで学習する。そのための教材研究は，社会科学の最新の成果を摂取しまたは創造する行為として理解できる。大げさに言えば，ここで教師に求められるのは学問研究の力量である。第２は，子どもである。対象学年の発達特性や社会認識の状況への研究と理解が必要となる。授業は相手のある行為であるから，子ども理解の研究が不足すると，文字通り子どもから「相手」にされない。第３は，教授法（教育方法）である。授業の目標を定め，教材・教具を選び，学習を展開させ，その結果を評価する一連の方法を工夫することである。

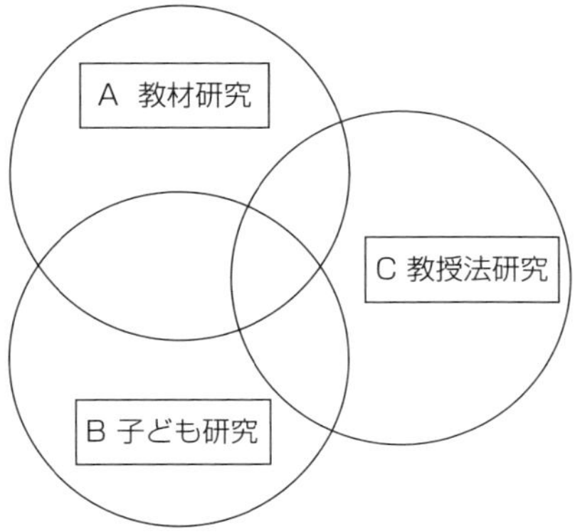

図 2.1

この3要素の関係は，図 2.1 のように示すことができる。3要素の交差する部分で，授業をデザインすることが必要なのである。

では，授業は，どのようなねらいや意図のもとで実践されるものであろうか。1時間・1単元・1学期・1年間のいずれにおいても，対象とする子どもの認識に働きかけ，その更新を生み出す行為が授業である。したがって，図 2.2 のように，授業以前の認識が授業行為を経ていかに変容するかが授業の目当てとなる。

たとえば，「鎖国」というテーマを高校の歴史学習で扱うとしよう。「鎖国」については，小・中学校の歴史学習においても扱われている。すると，高校生の「鎖国」認識を想定すると，例えば，幕藩体制の確立のために外国からの宗教（キリスト教）・政治・経済の波及をシャットアウトした政策というイメージであろう。そこで，こうしたステレオタイプの理解をどのように更新するかが授業のねらいになる。たとえば，「鎖国」という言葉そのものが 19 世紀初頭の翻訳語であること，その政策の本質は幕府による貿易統制にあること，平戸のみならず対馬・松前・琉球という「4つの窓」を通して相手を選んで貿易が行われていたことなどを織り込み，授業が構成されることとなる。そして授業以

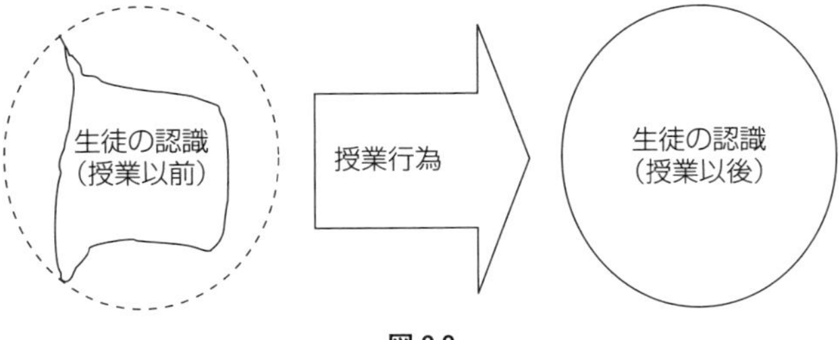

図 2.2

1．教科（科目）・学年・単元名
2．子どもの状況（授業テーマに関する認識のゆがみ・欠落部分についての分析を含む）
3．単元の構成と本時の位置
4．本時のねらい（2．と連動した授業のねらいを明示する）
5．本時の展開

	学習内容	学習活動	留意点	備考
導入				
展開				
まとめ				

6．評価の視点と目安

図 2.3

後には，「鎖国」イメージの更新がはかられることとなるのである。高校段階では，認識の更新のみならず，その是非を討論する試みがあってもよい。こう考えると，授業はテーマに関する認識の変容をともなう場合，意味をもつといえる。

授業の設計は，一般に，学習指導案として準備される。どのような指導案が求められているのであろうか。実際のところ，指導案に決定版はない。多様な指導案の形式がありうる。さらにいえば，指導案には，授業の思想が現れる。指導案を見ればその実践者の授業思想がわかる。

子どもが探究する社会科をめざす場合，指導案には少なくとも次のような配慮がほしい。図2.3を参照しよう。まず，学年と教科（科目・分野）を明示し，単元とテーマを記入しよう。子どもの状況記述では，テーマに関する子どもの認識状況の問題点を鋭くとらえよう（男女比やクラスの一般的特徴の記述でお茶を濁さない）。その問題点に切り込むことが，授業のねらいとなる。「本時の展開」のフレームは，縦軸が時間軸で，通常〈導入―展開―まとめ〉となる。もちろん，すべての授業がこの形式をふまえる必要はない。1時間全体を導入学習にかけてもよいし，オープンエンドで終わってもよい。そもそもこの形式的な3段階は，日本における近代学校制度の成立過程で，ヘルバルト派の教授理論が俗流化して導入されたところに起源をもつ。こうした形式的段階を墨守しないように配慮しよう。

問題は横軸である。ここに思想が現れる。〈学習内容〉は学習予定の具体的な項目をあげる。次の〈学習活動〉が大事である。どのような活動を組織するか工夫が試される。〈留意点〉は授業上の教師側の着眼点，指導のコツを記入する。〈備考〉では，具体的な教具・教材や評価材をメモしておく。以上の様式は一例だが，〈学習活動〉をコアにして学習指導案を構想するようにしたい。

3　社会科教師の存在理由――実践者の勇気と智恵

社会科教師はどのような授業を創造してきただろうか。ここでは，その一例として熊本の教師・田中裕一（1930–2003年）の場合を参照しよう。田中は，熊本大学法文学部哲学科を卒業後，1953年に熊本県で教職に就く。以来1990年の退職まで，６つの中学校で社会科教師として教壇に立ち続けた。退職後も複数の大学において，環境・平和・人権をテーマとした講義を担当し，若い世代の教育に携わった。

田中は，日本最初の水俣病授業実践者として知られている。「日本の公害–水俣病」（1968.11.20，熊本市立竜南中学校３年７組）の授業であり，学習指導要領や教科書には「公害」の指摘もない当時，先駆的な実践であった。中学３年，資本主義経済の諸問題に位置づけられたこの授業は，〈①日本の公害の実情と問題点（概観をつかむ），②熊本の公害：水俣病（問題を深める），③公害についての整理的討論（まとめ）〉という３時間構成であり，そのうち②が公開授業として世間の注目を集めた。その指導案は，次頁の通りである。

ところで，水俣病の発生は1950年代後半だが，なぜ実践が1968年11月となったのか。これには慎重な配慮と決断が秘められていた。水俣病の教材化は，原因企業と行政指導の責任の問題を避けて通ることはできない。慎重な配慮が必要である。だが，1968年になって新たな展開が見られるようになった。すなわち，政府による公式認定とチッソ附属病院長であった細川一の手記の出版であ

写真（田中裕一）

研究会で「水俣病授業」実践について報告する田中裕一（1969）［田中知勇子氏提供］

日本の公害〜水俣病（学習指導案）

	学　習　活　動	指導の留意点	資　　料
導入 15分	○水俣病の実態を知る ・厚生大臣のインタビュー，患者の声，写真の説明を聞く ・手記を読む（感動した部分を確かめる。患者訴えをまとめる）	○水俣病の症状についてあらかめ調べさせておく（グループ） ○手記は時間内に読むことは困難なので事前配布し，感動したところは線を引かせておく	・テープ（NHK スタジオ 102 より） ・写真（桑原史成氏撮影） ・手記プリント （上野栄子氏のもの）
展開 25分	○水俣病認定までの経過を知る ・原因究明の経過を知る（医師，学習，会社，市県，国） ・死者患者の対策がどのように行われているかを知る（不知火漁民争議，契約書，見舞金）	○原因究明までの経過は前もって調べさせておく（グループ） ○死者，患者対策の実態を前もって調べさせておく（グループ）	・患者の分布地図 ・水俣湾の水銀量測定図 ・猫実験 400 号データ ・患者と会社との契約書 ・アセトアルデヒドの生産量と患者発生数
終結 10分	○どこに原因があり，責任があるのかを考える ○どのように処理したらよいのかを考える（国の認定，法律条例，制度予算，被害者補償，企業経営，経済政策）	詳しい整理的討論は次時にまわす	・公害防除投資

（出典：田中裕一『石に叫ぶとき』未来を創る会 1990，紙幅の関係で一部簡略化した）

る。また，宇井純『公害の政治学』の出版にも励まされた。こうして，「水俣病の授業そのものが偏向である，という攻撃を受けても負けない」という状況分析のもと，機は熟したとの判断が田中にあった。また，担任したクラスの生徒が校内の弁論大会において水俣病問題についてのスピーチを展開したことも田中の背中を押す要因となった。

当時の緊迫感を伝える次のようなエピソードもある。田中は，当時を回顧し，「今なら笑い話ですが，当時は白刃のしたをかいくぐる思いでした」(2003.12.8 病室にて）と語っている。また，水俣病授業の後しばらくの間「刺されても僕は悪くない，刺す方が悪いのだ」と妻に語り，毎日新品の下着に替えて家を出たという（2004.9.5 田中千勇子氏）。そうした切迫した状況のもとで，水俣病の授業に取り組んだのであった。

この１時間の公開授業にかけた田中の思いと特徴を整理しよう。

第１は，主題設定の鋭さと周到な教材研究の準備である。田中は，水俣病のテーマを身近な地域問題として授業を構成したのではない。むしろ，地域から出発し，日本と世界を貫く課題を精選する問題として扱おうとした。ここには，上原専禄の提示した地域・国家・世界に通底する課題化意識という問題意識が共有されている。そして，何度も水俣を訪れ，被害者の方々と会い，入手できるかぎりの資料を集めたという。実際この授業で使われた資料が，その後の裁判の過程で多数証拠として採用された。田中自身が「水俣病に憑かれた人びと」のひとりであった。後年，「なぜ水俣病なのですか」と問われ，とっさに「知ってしまったからです」と答えたという。水俣病は連日トップニュースで新聞報道され，熊本の社会科の教師である田中にとって，このテーマは「私自身の存在理由」「職業としてのエシックス」にほかならなかったのである。

第２は，授業構造の典型化である。田中は，教材研究の要諦として「最高の学問や芸術の成果をうすめることなく凝縮し，単純化すること」を強調している。公開授業では，猫実験と見舞金協定の矛盾提示（会社側は猫実験の結果から工場廃液が水俣病の原因と知りながら，その情報を伏せたまま患者との「見舞金」協定を締結した）にその「凝縮的単純化」が生かされている。この凝縮的単純化の発想は，斉藤喜博（最高水準の単純化），ピカソ（決定的単純化），ポール・ヴァレリィ（建築学的詩作技法）からの示唆に学んだものであった。

第３に，感動の思想化である。水俣病の実態を理解する際，写真・手記・音声資料等を活用して視覚・感覚に訴える手法がとられているが，授業はそうした感動の共有で終わっていない。戦友会がしばしば戦場の郷愁に流れるように，思想化されない体験は方向を誤りかねない。そこで，感動を理性的な思考・討論によって思想化することが大切となる。公開授業の後の時間を整理的討論として位置づけたのは，そのような意図なのである。

こうして田中は，この授業を通して，科学的・芸術的手法を結合した独自の授業理論を開発しているのである（なお，田中実践の詳細については，和井田清司「未完の教師修業」『武蔵大学人文学会紀要』第35巻１号，2004年，117-156頁参照）。

4　未完の授業づくり――実践場から社会科の回生を

授業づくりの課題に完成はない。ある時期・ある学校で効果的であったものが，別の時期・別の学校で有効であるとはかぎらない。教材（学問世界）・子ども・教育方法（メディア）が日々変化し，実践者である教師も進化するからである。そのため，授業づくりにおいては，学問研究の到達をベースに，時代や子どもの変容に合わせて教育内容・教育方法をデザインし，試行錯誤していくなかで，個性的で創造的な授業のスタイルの探究が常に求められるのである。

かつて，日本生活教育連盟は「日本社会の基本問題」を深く考察し，単元習作（集団での学習指導案づくり）を繰り返しつつ，「西陣織」「水害と市政」などの典型的な実践を創造した。それから半世紀を経た今日，社会科教育の領域をめぐる問題はより広範となり，かつ深刻さを増している。地球規模の環境問題，世界史の地獄化とも称されるあからさまな戦争と暴力，世界と日本に共通する格差社会化，家庭・学校・地域におけるいじめ問題等，枚挙にいとまがない。かかる今日の社会において，〈地域−日本−世界〉を通底する「基本問題」を取り上げ，社会科教育の新たな創造に向けた，教師たちの挑戦が求められている。「社会科の出番」なのである。世界と日本の社会的諸問題を，授業という世界に翻案し，典型的な事例や濃縮的単純化の手法で提示し，未来の主権者としての生徒たちの社会認識と実践的思考力を鍛えたいものである。

いうまでもなく，授業づくりは，学校教育実践の中核である。ここで教育実践とは，教育的営為のすべてを漠然と示す用語ではなく，新しい教育的現実を創造する目的意識的な行為をさす。教育政策や教育行政は，その時々の政治的動向に左右されて変容する。しかし教育実践の世界では，行政レベルの変容に対応しつつも，地域や子どもの状況を見すえて，そこに新しい教育的現実を創造する姿勢が不可欠である。学習指導要領や検定教科書の知識事項をなぞり，教育的知識の伝達に終始するのでなく，世界規模の「基本問題」に肉薄する知の探究を組織する授業づくりが求められている。そこに，自律的な専門職としての教師の存在証明があるといえよう。

第３章　地理授業の創造的実践

相澤善雄

1　地理授業の何が問題か

(1)　社会科の地理学習

今日の地理学習は社会科学習（社会認識教育）として行われている。そのため地理授業の創造的実践を考察するには，地理学習と社会科学習との関係を考察する必要がある。地理学習は，おおむね社会科学習として行われることは市民権を得ている。それゆえ，どれだけ社会科学習に開かれた学習目標を設定できるかである。これは，地理的人間像の育成にとどまらず，公民や市民としての資質を育成することにかかわるのである。

地理学習は主に地域概念を育てるのであり，それは歴史学習で育てられる歴史認識などとともに社会認識を構成している。この概念のネットワークが社会認識そのものであり，市民性の資質でもある。

社会科学習からみれば，地理学習を包み込んだ教科構造をどのように構想するかである。そのモデルが中学校社会科の３分野制であろう。

(2)　地理学習の課題

戦後の地理学習の改善は著しい。しかし，環境の時代といわれながら自然環境が教えられているか，食料やエネルギー需給を指導するのに国際石油資本という生産関係の地域的配置にまで切り込んでいるか，アフリカやアジアがどれだけ学習されているか，ソ連崩壊後のアメリカ合衆国の一極支配とグローバル化という世界構造に迫れているだろうか。このようなことを意識しながら，地理学習の全体にかかわる５つの課題をあげてみる。

その１つが地理学習の目標についてである。中学校は国土認識で高校は世界認識を育てるといわれてきたが，近年，その目標として地球市民を育てる，市民性を育成する，などがいわれるようになった。一方で，地理的見方・考え方を学ぶことが中心である，地誌や系統地理という地理的方法を身につけさせることだとの主張が聞かれる。これらの目標論を検討することである。また，地理学習をとりまく開発教育，環境教育，国際理解教育など関連する分野の教育理念を検討することも重要である。

中学校地理的分野では，世界と日本の学習をそれぞれどう組織するかという２つの課題がある。現行の学習指導要領では，多くの事例地域を選択できずに２，３の選択に制約されているからである。どのような国や地域を事例地域として選択したならば，多様な世界が学べるかという課題である。同様に，日本の全体像を結べる地理学習にするためにはどのような事例地域が必要だろうか。２，３の事例地域という制約された条件のもとで明らかにする必要がある。

地理歴史科では，地理的技能の育成という方法知と地域概念を育成する内容知の形成という２つの課題がある。第１は，少ない事例地域の選択という制約のもとで地域のスケールの違いが重視されたことは，地理的見方・考え方を育てることに深くかかわっている。スケールの違いで地域にみられる現象は異なり，同一の地域現象でもそのスケールによって意味が異なってくる。だから地域や空間をとらえる地理的技能の育成が重要であり，地形図の利用や地域を調査できる能力が育成されなければならない。第２は，地理学習でどう地域概念を育成するかである。つまり，いくつかの事例地域の学習成果を，転移力を働かせることで未習未知な他地域の学びのなかから類似性や一般性を発見できるようにすることである。少ない事例地域で学習単元を組織するので重視されてよいことである。地域的な現れ方を学び，それが他地域でも共通に見られることを地域のルールや法則として学べる学習内容や方法を組織できるかである。

2　地理授業をどうつくるか

地理学習の課題を受けとめ，「自覚としての授業」を深く「自覚」することが授業創造の第一歩である。以下では４人の提案を検討する。

(1)「市民性の育成を目指した地理授業のあり方」(泉実践・高校)

泉実践では，「事実認識の育成とそれに起因する客観的知識の習得にとどまっている」地理教育を批判した。「現代的諸課題に対する知識・理解，分析・考察のレベルにとどまらない問題解決・政策提言・社会参加のプロセスを重視」する授業が望ましく，それが「市民たるに相応しい学力」とする。そのためには，地理授業を積極的に社会科教育へ開き，「市民性育成教科」と表現している。

地理授業としては，「主題」，「主体的な学びのプロセス」，それを支える「学習方法の工夫」が必要である。この実践では，①地域の構造的理解，②問題発見，③背景・要因の追究，④解決策の模索，⑤地域の将来像への提言，⑥社会参加という６つの学びのプロセスを具体化させている。

主題は「北方領土は誰のもの？」である。領土問題は国家にかかわり，国際関係を具体的に示しており，現代的諸課題のひとつである。これを「北方領土」とすることなくロシア政府の見解にまでふれることは必要であり，国益の立場ではその関係が見えてこないからである。さらに，アイヌの視点を加えていることが重要である。これは主題の理解に不可欠なだけでなく，「北方領土」に生きるアイヌに光をあてることは民族の問題を理解するという「市民性育成」の目標を目指すことである。このことは，そこに住むロシア人という市民にも目を向けることになる。

「北方領土問題の解決策と島々の未来像を描いてみよう！」という政策提言がこの学習のまとめであり，学習を生かした意思決定が問われる場面である。論争的な主題の学習では，十分な基礎的理解が不可欠である。まして政策提言を現実的な条件のもとで考えさせるためには，提案のような１時間の学習時間では厳しいことだろう。

⑵ 「グループ調査・発表を活用した諸地域学習」（荒井実践・中学校）

荒井実践は「諸地域学習」となっているが，世界の諸地域学習である。その一般的な学習指導では自然，人口，産業，貿易などを順に学ぶ傾向があるので，考察の内容と視点・方法を指導すれば他の諸地域についても生徒が主体的に調べ，発表することは難しくないという。ここに学び方を学ぶという学習観がみられる。学習成果の転移を生かすならば，限られた授業時間であっても世界のさまざまな地域をカバーできる。世界の諸地域では，途上国，アメリカ合衆国，中国，EU 諸国が取り上げられている。

諸地域をグループで調べ，そこでの学びを発表するという表現が重視されている。グループの発表内容を相互に比較できれば，世界の諸地域について地域的特殊性と一般的共通性を学べる生徒たち自身による相互啓発が重視されている。しかし，調べることには主体的であっても，それを聞く生徒を主体的にさせる指導は容易でないことも吐露されている。

途上国では，アジア，アフリカ，メキシコ以南の地域から２，３の国が選択され，多様な世界を認識させるように工夫されている。メキシコなどの個別な国を調べることのなかで，世界の諸地域についての知識が学ばれる。その学習成果を一般化させる学習場面では原料の輸出などの共通する内容を生徒はあげており，「途上国」としてまとめられている。そこでは知識が構造化され，より高い学力ないしは世界認識が育成されている。

世界の諸地域の知識はどこまで必要だろうかと問い，世界への関心，それを考察する視点や方法，地理的スキルという形式陶冶，身近な地域などを見直すことができる公民的・市民的資質を育成することが重視されている，社会科教育に開かれた世界の諸地域学習である。

⑶ 「「ここの地域」の学習から始まる中学校の日本地誌」（春名実践・中学校）

春名実践の前提には，「「地誌学習は，地理の根幹であり，場所による地域の違いを知って，日本の地域の構成がわかる」が「国民的教養」である」がある。その低下が懸念され，改めて日本地誌の重要さを訴えている。しかし，多くの実践では教科書に沿って行われており，不十分だとする。

日本地誌は「日本の各地域を学ぶのが当然の姿である」。しかし現状では，日本は中心域，中間地帯，周辺域という３地域に区分されるので「３地域の特徴がわかり，その広がりがわかれば」目標に近づくことができる。それぞれの内部でも地域差があるので，それに対応した２，３の地域を取り上げたいという。そのため「身近な地域」も「一体化する」という工夫をこらした日本地誌の授業プランは示唆に富んでいる。

地域の扱い方では，その特徴を地域住民の就業構造の比較によってとらえ，地域住民がどのように取組み，地域を変えてきたか，さらに地域の問題を一般化して地域の特徴をとらえようとしている。これは学習過程を表している。

地域の特徴を「物産」ではなく，地域住民の就業構造から切り込んでいることに注目したい。これは「人間が出てくる地理」の具体的な提案である。地域の特徴をつくりだした人間の活動に注目し，それを地域主体と呼び「地域に生きる人間としてのあり方を考えさせ」「地域形成の本来の姿がわかる」日本地誌がめざされている。

地域主体に注目することは，泉実践の「市民性育成」と重なる。また，地域主体が地域をどのように創りその過程で地域主体がどのように変容したかに注目することは，人文主義的なとらえ方だといえよう。

⑷　「野外調査を重視した「身近な地域」の学習」(日原実践・高校)

地理の授業は，通常，教室で行われている。しかし，「フィールドに出て，「自らの五感で感じたモノ」を教材化する姿勢」は自明である。日原実践では『星の王子さま』と『人間の土地』を座右において，「フィールドに出る地理学習を」強く主張している。なぜなら「注意深く地域を観察して，そこから多くを学ぶことが地理学習」だからである。

フィールドとしては校外学習や遠足があるが，「身近な地域」が一般的である。その野外調査では，読図，観察，報告書作成などということは「地理的技能を鍛える場となる」。野外調査の実践研究ではこの段階までが多いが，防災教育を充実する観点があげられていることに注目したい。これは地理教育にとどまらず，社会科教育や学校教育でも期待されているからである。防災での安全や生存の視点は市民の自由権や生存権そのもので，「市民性育成」である。

フィールドは東京下町の0m地帯である。事前指導では地下鉄の入り口に着目させている。その入り口には２つのタイプがありその違いで地形を推測できるという仮説，その検証方法，作業による証明という地域を科学するための学習過程が踏まれている。見学・観察では，短い見学ルートに地盤の変化を実感できる。つまり生徒が感動できるポイントが盛り込まれている。ルート作成の力量が問われるところである。事後指導では，地震防災を科学的にするため地形の階層性が重視されている。このマルチ・スケール・ジオグラフィーがわかりよい。防災は「助け合える地域社会」が何よりということは，地理学習の真骨頂である。

なお，事前学習では1/5万の地形図が，見学では1/1万の地形図が，事後指導では小縮尺の地図がそれぞれ駆使されている。適切なスケールの地図が学習場面ごとに利用されている。

3　これからの地理授業

(1)　転移力を働かせて思考する―身近な地域学習（東京都国立市）を例にして―

地理学習では身近な地域に始まって身近な地域で終わるという主張がある。それは身近な地域で学び，身近な地域を見直すこと（地域診断する）が，重要な学習目標だとする考え方である。生活する地域の将来に責任をもつ（かかわる）という地域創造のために，地域の主体としての自覚を高めて自分の生き方を模索する人間像がめざされている。

身近な地域の学習では，学習者は生活経験（直接経験）を生かして地域を学び，生活を科学的に学ぶことができる。しかし，地域の個性を学ぶという実質陶冶を重視するだけでは，地域概念を深化させることはできない。なぜならば，他の地域を学ぶための内容や方法を育てるという形式陶冶が希薄だからである。とくに高等学校段階では，地域で学ぶことや地域を学習する一般的な考え方を育てるという形式陶冶がより重視される必要がある。

身近な地域（国立市）や広い東京という規模の地域で，共通にみられる都市化（中心と周辺）という一般化できる地域概念，それはまた他地域へも転移できるという学習内容を重視することである。この内容や方法が転移する連鎖が地域概念を深めていくのである。

(2)　範例方式による地域概念の形成

①　範例方式

範例となる事例地域の学習成果を他の事例地域の学習に応用し（転移させる），一般的な法則や概念の形成を促そうという方式で，一般に範例学習という。転移の過程でとくに類推思考力が育てられる。

範例学習では一般に次の学習過程で指導される。つまり，第１段階は地理的な基礎事項の段階，第２段階は類似地域の発見と把握の段階，第３段階は法則や一般的共通性の推察の段階，第４段階は地理的世界観や自己発見の段階である。この学習過程は学習単元によって常に４つの段階を踏む必要はない。配当時間は生徒の理解度に応じて考えればよく，１～２時間が考えられる。それぞれの段階ごとに地理的見方・考え方が育てられながらも，それらが地域概念の形成に作用する。この概念形成では帰納的方法によっているが，これを学んだならば演繹的に未知な地域を学習（地域診断や解釈）できるようになる。

②　転移可能な学習内容

国立市という身近な地域の学習では，農村から都市へ変貌するなかで地域の中心と周辺が移動していくことが学ばれる。これを東京の学習に転移させると，次のように地域概念が深まると仮設される。

第１は，都市圏では，都心の管理中枢機能の立地を核に周辺に向かって同心円的に住宅地，近郊農村地域へと変化する。居住地の風景を眺めれば都市化の段階を推察でき，生活経験を科学的に学ぶことができる。

第２に，都市構造は，都心という中心とその周辺からなる。国立市を東京の周辺として位置づかせ，衛星都市の概念を学べる。

第3に，中心の周辺への支配という機能（結節）地域としてとらえることができる。中心の支配力は，その力が強いほど遠い距離の地域にまでおよぶことを推測させることは容易である。これは，後に世界の学習でも再び学ぶことになる。

第4に，国立市でも東京でも地域の規模が変わっても中心と周辺という地域概念は成立し，一般化できる。今日の地域では農村から都市へと変化しており，これは日本や世界と広い規模の地域でも共通する地域概念であるという学習課題をもつことができる。また，国立市や東京の大地を学習することは，関東平野という広い大地を理解することができることでもある。

③　この学習でめざす人間像

この単元では，国立市という事例地域に学んで市民としての自覚を深めることができる。この国立市は，東京という都市の周辺を構成しており，市民は都民のひとりでもある。地域に生きる主体が，地球大でも生きていることを推測できる学習にもなっていよう。市民としての自覚をもつ主体は，広く世界を見通すことができるいくつもの重層的な資質をもつ統合された存在なのである。

第４章　歴史授業の創造的実践

大野一夫

1　歴史授業の何が問題か

教職課程「社会科・地歴教育論」を受講している大学生に，中・高校の社会科（歴史）の授業を振り返ってもらったところ，次のような答えが返ってきた。「教科書を読んで板書をノートに書き取る作業が多かった印象。暗記できていなくて，嫌いだった思い出が多い。」「黒板に板書して，それをただ写すだけの授業だったので，特に印象に残っている授業はありません。」「……覚えているのは，プリントを使って穴埋めをしていく授業です。どんどん進んだような気がします。」「……よい印象が残っているわけではなく，逆に悪い印象。単調で丸暗記するだけ，という方式にうんざりした思い出があります。」

すべての大学生が同じではないが，どんな授業が多かったのかを調べてみると，「先生が黒板に書いて説明する授業」は92.9％と圧倒的に多かった。次いで「プリントを配り，その資料を解説する授業」が70.4％であった。「調べ，発表する授業」は25.4％，「話し合いを取り入れながら進める授業」は16.9％，「討論授業」にいたってはわずか1.4％であった（2005年10月調査）。

こうした大学生が実際に教壇に立ったとき，どのような授業を進めるか想像することができる。おそらく，これまでに経験してきた授業をモデルにするであろう。そうであればこそ，大学生のうちに，授業づくりの問題について考えさせること，現場の教師の創造的な実践にふれて学ぶこと，将来の自らの実践に生かすことが求められるといえる。

そこで，社会科，なかでも歴史授業の問題について提起しておきたい。

子どもたちは，小学校から歴史の授業を学び始め，中・高校で繰り返し学んできている。しかし，必ずしも歴史を学ぶことにどのような意味があるかを学べているとはいえない。実際のところ，教育現場では，あまりそのことを重視していない傾向がある。これが第１の問題である。また，地域に歴史教材はたくさんあるが，それを生かした学びは必ずしも十分とはいえない。

小学校で学ぶ歴史は日本の歴史が中心であり，世界を意識して学ぶのは中学校からということになる。ところが，中学校の社会科の時数と内容の削減によって，世界史の内容は薄くなっている。そのため，「国際化」時代といわれながら自国中心の歴史を学ぶということになる。この点が第２の問題である。関連していえば，高校では地歴科の世界史と日本史，いずれも学ぶことが可能ではあるが，高校の実情は一様ではない。2006年秋に問題が大きくなったが，必修の世界史を履修しないで，受験科目を意識した履修をする実情がある。そうした点で，小・中・高校を見通したカリキュラムから派生する歴史学習の問題がある。

第３の問題は，未来につながる歴史認識を獲得できていないことである。これは，歴史の授業が，古代から現代までを一貫して学べていないことからきている。とくに，授業時間数削減とも重なり近現代史学習がおざなりになっていることが，誤った現代認識，世界認識につながっていることである。

歴史授業のさらなる問題に，暗記主義ともいえる学び方の問題がある。これは，前述の第１から第３の問題ともつながる。歴史＝年代や知識の棒暗記という学びだけでは，歴史認識を獲得できない。

こうした問題を，どのように解決するかが，歴史授業に問われている今日的課題である。以下，本書各論(2)で創造的に展開している実践を通して明らかにしていきたい。

2　歴史授業をどうつくるか

(1)　なぜ，歴史を学ぶのか

歴史を学ぶ意味は，過去の歴史事象と向き合い，そこから普遍的な価値あるものを見いだし，未来を築く知恵を獲得することにある。過去の歴史に「問いかけ」，「なぜ」「どうして」という疑問を自らもち，それを現在・未来に働きかける力を身につけることである。争いのない平和な世界を築くことや，人権を尊重し人間らしい生活を営む社会を築くことは，21 世紀に生きる私たちの課題となっている。歴史を学ぶ意味は，こうした課題と向き合うことにつながる。

そうすると，歴史授業には，子どもの学ぶ意欲を引きだして展開することが求められる。一方的な教師の教え込みでは，学びの主体である子どもの意欲は高まらないし，歴史を過去に押し込め，現在・未来と断絶することになる。人間の生きてきた歴史事象に問いかけ，意欲的に学んでいくことができるように，授業を創造することが大切である。

さらに，歴史を身近に受けとめるためには，地域の歴史を学ぶこと，自分とつながりのある歴史を学ぶことが求められる。その意味で，地域の教材を掘り起こし教材研究を重ね，授業に位置づけることがあってよい。どんな地域にも歴史教材は豊富に存在するはずだ。

また，歴史を子どもが関心をもって学ぶうえで，教材の工夫が必要である。この点では，鳥塚実践の実物教材やモノ教材を生かした授業展開をもとに考えてみたい。

江戸時代の商品経済の発達の学習では，ほとんどの中・高の教科書で，「麻から木綿へ」を記述している。しかし，知識伝達型の教授法では，商品経済の発達や貨幣経済の進行という知識理解に重点がおかれがちになる。麻と木綿の区別，それぞれの繊維のもつ優劣，庶民生活の画期的な変容についての実感をともなう理解にまでいたらない。子どものみならず大人でさえ，木綿や麻の栽培や原材料を手に取ってみる機会は少ない。歴史授業にモノ教材を持ち込んで肌で感じながら変化をつかむことで，生活の変容と商品経済の発達を実感し理解することができる。鳥塚実践は，そこに着目している。さらに単元のなかで，糸を紡ぎ織るという「モノづくり＝生産」の体験を通して自ら歴史事象に問いかけ，深めようとする学びに発展させようとしている。鳥塚実践の特徴は，単に教室にモノ教材を導入で扱い，子どもの興味を引きだすだけの意味で授業を進めているわけではないところにある。

⑵　自国中心の歴史授業からの脱却

中学校社会科の時間数は大幅に削減されている。歴史については，1960 年代から 70 年代は 175 時間，80 年代から 90 年代は 140 時間であった。それが学習指導要領の改訂にともない，現在は 105 時間となっている。しかし，学校現場での実態は，その 105 時間を確保することも容易ではない。学校行事などとの兼ね合いから，せいぜい 90 時間も確保できれば上々である。この大幅な時間数の削減で学ばなくなった内容が，主に世界史にかかわる項目であることはすでに指摘した。世界史は日本史の背景として学ぶように位置づけられたため，イスラムもヨーロッパ中世もほとんど扱わない。近代市民社会の形成にしてもつまみ食い程度である。そのため，地理の内容削減と相まって，世界がわからない子どもを大量に生みだしている現状がある。その一方で，学習指導要領は，日本の伝統・文化史の扱いを大事にしている。国際理解が課題になっている時代に，自国中心の歴史教育を押し進めているということになる。

高校は，1989 年の学習指導要領改訂により，社会科が地歴科と公民科に解体された。また，必修として学ぶのは世界史と位置づけている。日本史と世界史を学んではじめて，歴史の全体像がわかるはずであるが，そういう学びをとっていない。

世界史，とりわけ東アジアの視点から日本の歴史を学ぶことが，今日の課題になっている。学習指導要領の内容項目はこうした点に必ずしも応えているとはいえない。それだけに，自国中心の歴史にならない実践，世界あるいは東アジアのなかでの日本を意識した実践が求められている。隣国との歴史の学びと共有化は，未来を築く歴史認識を獲得するためにも重要な視点である。

さらに世界史をヨーロッパ中心史観で学ぶ問題は，以前から問題視されてきた。もっと多面的に世界を学び，歴史認識を育むことが必要である。その意味で，米山実践をもとに世界認識を取り上げ，考えておきたい。

近代の世界史といえば，イギリスの市民革命，アメリカの独立，そしてフランス革命を通して市民社会の形成を学び，民主主義の普遍的価値を理解されることに重点がおかれがちである。しかし，米山実践では，学習指導要領「世界史B」の「ヨーロッパの拡大と大西洋世界」などをもとに，市民革命がめざした自由と権利の思想を植民地奴隷の解放とハイチ革命を通して多面的な見方・考え方を育てる世界認識にせまっている。子どもにとってハイチは決して身近な地域ではない。それでも，市民革命後のヨーロッパ諸国の植民地貿易の事例を扱いながら，植民地奴隷の人間としての権利要求，奴隷解放から独立に向かう人々のねばり強い闘いに視点を向け，市民革命がもたらした影響を取り上げている。この実践は，実践者自身の問題意識とともに先行実践を研究したうえで，絵画資料などの教材をもとに子どもに働きかけている。生徒の感想にある「思想の伝播という観点から世界史を見直してみたい」は，同時代の世界認識を獲得することを示したものといえる。具体性のある教材を読み解き，そこから考えるという子どもの思考過程，具体から抽象へとつらなる授業展開から学んでいることがわかる。

世界史の理解と認識は，一方的な側面だけからは獲得できない。このことは，東アジア史でもアメリカ史でもいえることで，現代の世界を認識する場合にも共通する。現在史であるイラク戦争にしても，アメリカ側だけからのとらえ方ではイラク戦争を認識できないことは明らかである。

(3) 近現代史をどのように学ぶか

近現代史を重視して学ぶためには，教師の意図的な年間を見通した授業，単元学習計画が求められる。近現代史をやりきれなくなったときに，「教科書を読む」だけで授業を進めたりする実例がある。これでは，子どもに近現代史の内容を教えたことにはならないし，子どもの認識を高めることも不可能である。

また，近現代史の内容は20世紀の時代にあたる。20世紀は，戦争に始まり戦争で終わる世紀といわれるほど，「戦争の世紀」である。米国の「World military and social expenditures」によれば，世界の戦争犠牲者数は，16世紀

160万人，17世紀610万人，18世紀700万人，19世紀1940万人，20世紀1億780～1億6000万人と推定されている。1日平均犠牲者数は，16世紀44人，18世紀192人，20世紀2953～4384人である。この数字だけでも，近現代史が戦争の時代を扱っていることは確かだ。したがって，どのように近現代史を学び，これからの世界をどう築いていくかということは，歴史授業に欠かせない課題である。

15年戦争を学ぶとき，日本の戦争被害を中心にすることが多く，加害を取り上げてこなかったという実践上の問題が指摘されている。加害の問題が重視されないできた要因は，日本が進めた戦争が，結果として日本に多大な被害をもたらし，原爆や空襲被災を多くの国民が戦争の被害として認識を共有していたということと関連する。また，戦後の日米同盟が重視されたこと，日本との戦争で被害を被ったアジアに目を向けてこなかったことが，歴史学習にも影響している。

こうした課題を受けて，どのような授業を進めるか，これは小堀実践をもとに考えてみたい。

戦争の学習は，きわめて今日的な課題と向き合うことになる。小堀実践の出発点も現在進行中のイラク戦争が契機となっている。イラク戦争を子どもがどうとらえ考えているかという子どもの実態を踏まえて，アジア太平洋戦争の単元を15時間で組み立てている。その内容は，討論させたいという実践者の意図を組み込んだものであるが，特徴的なことは，子どもに追求の視点をもたせること，それも加害者の立場から日本の進めた戦争をとらえさせること，人との出会いである。そして，中学生でも討論を可能にするための授業計画が組み込まれていることである。映像・人・資料プリントなどを駆使して進め，討論場面を単元の最後に位置づけた。討論を組んだのは，沖縄戦の集団自決をめぐってであり，ビデオ映像などを提示し，人との出会いを受けて「なぜ自決しなかったか」を深めている。小堀実践では，子どもたちが，自分の生き方や未来を考えながら意見をまとめている。戦争の時代をどう学ぶかによって，子どもの歴史認識は確かなものかどうかを問いかけている。

(4) 多様な学び方で，歴史認識を培う

子どもの歴史の学び方は，多様であっていい。授業の方法としては，問題解決的な授業もあれば，一問一答的な授業，発表型の授業もある。しかし，そうした授業においても，子ども相互の学び合いが大事にされる授業でなくてはならない。歴史事象に問いかけ考え合う授業を通して，はじめて一人ひとりが主体的に学び歴史認識を高めていくことができるからだ。話し合うこと，討論することは，他者の考えを吟味し，自らの考えを構築していく学びとなる。このような授業は，ワークシートに用語の穴埋めをする授業とはまったく異なる歴史認識を獲得することにつながるはずである。

問題は，いかにして話し合いや討論を成立させるかである。そのために欠かせないことは，教師の教材研究の深め方である。また，教師自身の教材に対する多様で柔軟な発想がなくては，話し合いや討論の方法だけを身につけても授業は成功しない。とくに，子ども研究をていねいに進めておくことである。こうしたことをなおざりにしたら，討論授業は成功しない。

小堀実践は中学校の討論授業であった。加藤実践は高校の歴史授業である。具体的な討論授業を，加藤実践から考えてみたい。

加藤実践は，かつての自らの実践を総括したうえで，何よりも子どもを歴史の主体者として位置づけること，その手立てとして討論授業にいたる過程を明らかにしている。「貝塚の犬の謎を追え」の討論授業は，子どもがもつ貝塚のイメージを踏まえたうえで，犬骨に着目する。この授業づくりには，実践者の研究や教材の視点，歴史研究の成果がもとになっている。そこで，犬骨の謎を提起し，子どもに仮説を立てさせる。これは，歴史研究者としての仮説に通じる。その仮説（７つ）を検証するために，加曽利貝塚を調査してきた子どもの意見も踏まえ，相互に自説の正しさを主張しながら討論授業は展開していく。結果として，どの説が正しいかを投票させているが，投票の結果で正答を求めようとしているわけではない。生徒一人ひとりが仮説から検証にいたる歴史研究者としての思考過程に重点がおかれている。そこに，加藤実践のねらいがある。

中学校の小堀実践にみる討論と加藤実践の討論は，取り上げている教材や子どもの発達段階の違いもあって，討論授業の組み立て方が異なる。しかし，共通するのは，子どもの主体的な学びにある。

3　これからの歴史授業

歴史を学ぶうえで，ことがらを理解する，歴史用語を理解することを軽視することはできない。したがって暗記は不要だという立場はとらない。知識理解は，思考力や問題解決能力とつながっていることも確かである。ただし，意味もわからず暗記しても，それは役に立たない。

歴史における学力は，歴史事象に対して自ら「疑問」や「問題」をもち，「考える」力に収斂するものでなくてはならない。その結果として，科学的な視点，他者を理解する力，現在を多角的かつ批判的に見る力を身につけ，自ら発信し，未来に対して展望をもつ力になる。これが，歴史の授業に求められている学力である。

歴史にかぎったことではないが，授業では子どもと教師の「ふだん」の営みを大事にしたい。授業は，歴史事象を子どもと共有化する営みであり，子どもと教師が共同研究者であり，教室はそういう場である。本書に収録されている歴史授業の実践は，それぞれの実践者の子ども観と教材観，そしてどのような授業方法で深めようとしているかが明らかにされている。それも，「ふだん」の授業の積み重ねの結果として生みだされたものである。教師が創造的な授業をつくり出すことが，未来をきりひらく主体となる子どもたちを育てることになるといえる。

第５章　公民授業の創造的実践

若菜俊文

1　公民授業──何が問題か

公民とは「主権者としての国民」「政治的主体としての国民」のことである。旧教育基本法は，「民主的で文化的な国家を建設」するための教育を進めるため，その第８条で「良識ある公民」を育てることをうたっていた。改正された教育基本法（2006 年 12 月公布）でも「民主的で文化的な国家を更に発展させる」ことをうたい，旧第８条はそのまま新 14 条となった。

では，「良識ある公民」＝「主権者としての国民」を育てるためには，どういう教育を構想したらよいだろうか。

大きく４つの目標を立てることが可能だ。

① 科学的に批判的に社会を見る目を養う

② 民主的な価値観を養う

③ 自分（たち）の意見をさまざまに表現する力をつける

④ 民主的に決定し，民主的に行動する力を養う

以上のように，主権者を育てる教育は総合的なもの（広義の「公民教育」）だが，教科あるいは（中学校社会科の）一分野としての（狭義の）「公民」教育は，主に認識や表現の面から生徒の主権者としての能力を養うことを目標としている。

現行学習指導要領も，上記の趣旨を踏まえて，以下のようにその目標を示している。まず，高等学校の学習指導要領の「公民」科の目標では，「広い視野に立って，現代の社会について主体的に考察させ，理解を深めさせるとともに，人間としての在り方生き方についての自覚を育て，民主的，平和的な国家・社

会の有為な形成者として必要な公民としての資質を養う」とうたっている。

また中学校学習指導要領の社会科の目標は，「広い視野に立って，社会に関する関心を高め，諸資料に基いて多面的・多角的に考察し，わが国の国土と歴史に対する理解を愛情を深め，公民としての基礎的教養を培い，国際社会に生きる民主的，平和的な国家・社会の形成者として必要な公民的資質の基礎を養う」とうたい，中学社会科の最終目標を「公民的資質」の育成においている。

ところで，このような目標は現実に十分達成されているのだろうか。財団法人「日本青少年研究所」の調査を若干紹介しよう。

表 5.1　高校生の未来意識に関する調査

	日本	米	中
①　自分は駄目な人間だと思うことがある	76	48	37
②　あまり誇りに思えるようなことはない	53	24	23

（財団法人「日本青少年研究所」の調査，2002 年（数値はすべて％））

表 5.2　高校生の友人関係と生活意識

	日本	米	中	韓
①　自分自身への満足度				
とても満足	6.3	34.1	15.6	11.1
不満足	17.6	2.7	2.1	0.5
②　どのタイプの生徒になりたいか				
リーダーシップの強い生徒	15.7	54.1	53.0	48.7
正義感の強い生徒	25.7	32.7	54.5	35.8
自分の意見をはっきりいう生徒	42.8	52.9	52.9	62.3

（財団法人「日本青少年研究所」の調査，2006 年（数字はすべて％））

この調査から，以下のような日本の若者の特徴が浮かび上がってくる。

①　自信のなさ（自己肯定感の低さ）

②　①とも関連して自己主張の弱さ

そして，そのような全般的特徴が，若者の投票率の低さにも関連していることは見やすい。たとえば，2003 年の総選挙での 20 歳～ 24 歳の投票率は 32.4％。他のすべての年齢層を下回っている。しかも，このような傾向が長く続いている。

高校生に聞いても，「18 歳選挙権」については賛成しない意見が多い。社会や政治についての関心がないわけではないのに，自分の判断についての自信がないし，主張する自信もない。だから，「私たちには投票は無理」と思ってしまう。このような消極性を克服する中心的役割を果たすべき公民教育もその役割を十分果たしてきたとはいえないし，逆に今までの公民教育がこのような傾向を助長してきたのではないかとさえ考えられる。

問題は広くて深いようにもみえるが，解決の方向は明瞭だ。小さいときから，子どもたちがその行動や表現を，大人からも仲間からも積極的に評価され，励まされることが積み重ねられていくことだ。そうすれば，自己肯定感も，自信も，積極的な意見表明も育っていく。これが決定的に足りないのだ。

しかし，この課題の解決を阻害する「広く，深い」歴史的，文化的，経済的そして教育的条件があることも確かだ。

① 1960 年代からすでに進行していた，地域共同体の解体と核家族化（さらに近年，その核家族さえもが実質的解体の危機に瀕している）。

② 子どもの成長とりわけコミュニケーション能力を「自然に」育てていた「原っぱ」（＝自由な遊びの場）がなくなり，それにともなう児童期のギャング集団の消滅（最近の「いじめ問題」の底辺的基盤である）。

③ 敵対的競争を激しくしている教育政策。

④ 経済的・文化的格差が子どもの成長の格差を再生産。

とりわけ，これらの諸条件を変革することをめざすことを前提としながら，前記の４目標に示した「広義の公民教育」をまず，推進しなければならない。

なかでも，生徒が自分が生活している学校のなかで，大小さまざまな問題や課題が，自分たちの意見表明を通じて，現実に改革，改善されていくという体験を積むことが，「自分たちが社会をつくる」感覚の育成として重要である。教師は「子どもの権利条約」第 12 条の「意見表明権」を常に意識し，とくに生徒会の民主的活性化を重視する必要がある。

高知県や埼玉県などで学校評議会などへの生徒参加が広がっていることも重要な一歩だ。

さらに，教科学習としての（狭義の）「公民学習」では，制度や用語の解説に終始するのではなく，生きた社会現実や生活と結びつけて，社会の主人公（主権者）としての意識や能力を形成するような授業をめざす必要がある。

そのためには，以下のような授業をめざすことが重要である。

① 学習課題の設定について，生徒の興味関心や実生活との関連を十分意識して組み立てていく。あるいは生徒とも議論しながら設定していく。

② モノや映像などを使い，具体的イメージをもたせ，効果的に用語や概念また社会の構造，さらにその変化などを理解し習得させる工夫。

③ 生徒の問題意識を発掘し，考えさせる。そのためにも，自分の意見を書き，また意見を出し合う。そして討論やディベートに発展させていく。

④ メディアからの情報を活用させ，しかも批判的に活用できるようにする（メディア・リテラシー）。

⑤ 最終的には，民主的社会や国家をつくる意欲を育てる。重要な政治的争点について自分の意見をもち，討論し，行動していく。

以上の内容を，本書の公民分野の実践が示している重点的課題に即して，具体的に展開してみよう。

２ 公民授業をどうつくるか

(1) 生徒の興味関心を学習課題設定につなげる

生徒は現実の社会には大いに関心をもっている。その関心を軸に，教材を構成していけば，生徒の興味関心を深めながら，社会認識を高めることは可能である。河原実践はその典型である。

この実践例のテーマは「経済のグローバル化」であるが，単元の表現も「海外向けの電気炊飯器はどうなってるの？（グローバル化）」と，生徒の関心を引くかたちになっている。

そのうえで，グローバル化に迫る基礎知識を得させるための授業前半（３の①から④）は，回答選択式のクイズで，子どもに親しみやすいかたちで提起し，授業後半（３の⑤以後）で，班討議とそれを受けての３つの資料（日本からの直行便がある国と地域＝地図，国際電話料金，世界のインターネット普及率）から，グローバル化の背景と影響に目を向けさせている。

生徒の興味関心から社会認識に橋渡しするための，学習課題設定の工夫，教材開発，子ども研究がこの実践の背景にある。

⑵　モノを持ち込む授業

河原実践は，生徒の興味関心に即した授業課題設定と授業構成にその実践の妙がある。それに対し，武藤実践は教材をさらにモノというレベルまで特化し，その現実感を生かすというところに，その特徴がある。

なによりも実物教材（モノ）は，生徒へのインパクトが強い。しかしインパクトの強さは自動的に保障されるのではない。

武藤実践でふれているように，モノが「生徒の日ごろの生活実態や好奇心に訴えかけるものであるならば」という条件が必要である。日ごろから生徒の実態を知り，研究し，どのような教材が生徒の好奇心を刺激するのかという工夫が積み重ねられていることが前提条件になる。

⑶　討論・ディベートの重要性

課題設定，モノという教材の力の利用に加えて，討論やディベートはとくに公民教育にとって，きわめて重要な位置を占めている。

なぜなら，政治や経済は，国民の階級・階層などの立場を反映して，さまざまな対立する意見が生じ，それが，最終的には政党の力関係という回路を通して，国家意思となって実行されるからだ。

したがって，政治や社会のあり方については，最も公理的な「自由，平等，平和，民主主義」といった理念を除いては，正解はありえない。重要なのは，意見の違いを理解し，自分の意見を形成し，議論する力だということになる。

ところで，討論学習は難しいというイメージが現場の教師の間にも多い。そのような「やりにくさ」を回避するひとつの討論授業の方法がある。それがディベートだ。

ディベートは普通の討論と違い，討論形式（フォーマット）が決まっているので，生徒はその形式に従って，準備をし，討論を進行させていく。教師は，事前指導をすませたうえで，試合過程ではせいぜい，計時係と司会（「次は肯定側の要約です」などと進行を指示すればよい）を勤めればよい。しかも，計時と司会は生徒でもできる。教師は討論の様子をながめ，記録し，あとの討論の評価と事後学習に備えればよい。

杉浦正和実践は，ディベート授業のひとつの典型である。

ディベートはフォーマットにのっとった討論であり，勝負をつけるゲームでもある。教師は討論途中で，どのような論点に進むべきかの複雑な判断と決断をしなくてすむ。また勝負を争うので，自然に白熱する。生徒は自然に論争課題についての認識を深め，議論する力が育っていく。

⑷　メディア・リテラシー

リアルタイムで進行している時事問題の学習では，新聞，テレビニュース，インターネット情報などを積極的に授業に活用してゆくことが必要である。その際の重要な観点を井ノ口実践は示してくれている。

この実践は，それ自体は世界史Ａの実践であるが，イラク戦争を扱った点でも，メディア・リテラシー実践という点でも，すぐれて現代的・公民的課題の実践に十分適用できるものである。

ところで，生徒の意見形成は，マスコミ・インターネット情報の影響を強く受ける。しかも，新聞・インターネット情報へのアクセスという点でも，学校格差を反映してほとんどアクセスしない生徒層も増えている。

したがって，情報のアクセス・利用・評価をめぐる教育では，２段階の教育を展開する必要がある。

①　まず，新聞やインターネット情報にアクセスするチャンスを提供する。具体的には新聞のスクラップをさせることや，インターネット情報にアクセスする技術やチャンスを与えること。

②　そのうえで，新聞や情報源による事実把握や，評価の違いに着目させ，

事実を確認することや評価の難しさを理解させる（＝メディア・リテラシー）。

⑸　民主的な社会をつくる意欲と姿勢

公民教育の最終的目標には，民主的な国家形成にたずさわる国民を育てることにある。日本では国政の最高機関は国会である。ところが，国会や選挙については，これまでその「仕組み」「制度」の知識を与えることだけに終始し，肝心の投票する主体を育てることについては，きわめて不十分であった。

「模擬投票」は世界各国で，投票主体を意識的に育てる方法として大きく発展してきており，また近年日本でもようやく注目されるようになってきた。

松田実践はその典型例の一つである。「模擬」であるにもかかわらず，生徒は大人よりはるかに真剣に投票する。

OECD30カ国中，日本と韓国だけでまだ実現していない18歳選挙権について日本でも主要政党が賛成している。国民投票法案でも18歳投票案が出ていることも踏まえ，この模擬投票を運動としても大きく広げていく必要があるし，また発展の可能性も広がっている。

また，杉浦真理実践は国政選挙の模擬投票のレベルをこえて，今後の日本の「国家の形」を決める，憲法改正問題についての投票に取り組んだものである。

戦後民主主義の骨格であった日本国憲法のあり方を生徒自ら考え，改正案にし，さらに投票によって決する。模擬的に，憲法改正過程の体験をさせている。

生徒は自分たちの考え方や理想に基づいてグループ（模擬政党）をつくり，１名ずつの国会議員を選び，政党ごとに憲法改正案を練り上げ，最終的には投票で決する。

逐条式投票とは別に，一括投票も試み，投票方式の違いについても生徒の意識を向けさせている。貴重な実践である。

3　これからの公民授業

以上の実践を踏まえた公民授業の課題を，あらためて以下のようにまとめておこう。

① 生徒の生活や社会関心を授業テーマを積極的に設定する。

② 実物教材（モノ）やクイズなど生徒の関心を引きつけ，考える素材を豊富に提供する。

③ 言う，書く，討論，ディベート，投票など表現や経験を通して，自分の考えを発信し，交流し，深めていく。

④ 生徒の問題関心や思考が連続的に発展するように授業を構想する。

⑤ 情報の的確な処理と評価を工夫する。

⑥ 日本と世界の主人公としての主権者意識，世界市民意識を育てる。

このような方向で実践が広まれば，冒頭に書いた日本の若者の「消極性」をうち破る公民教育が大きく前進するだろう。

各論(1)：地理

第6章　市民性の育成をめざした地理授業のあり方
──「北方領土は誰のもの？」の授業実践を通じて

泉　貴久

1　地理は市民性育成教科

社会科教育の目標は，社会認識を通じた市民性の育成にあるが，その一端を担う地理教育もまた同様の目標をもっている。とりわけ今日，市民性の育成がかつてないほどに叫ばれているが，その背景として，グローバル化の進展にともない生じる現代的諸課題への対応策，若年層を中心とする市民の政治的関心度の低下とそれにともなう民主主義の危機的状況への対応策をあげることができる(1)。

それでは，市民とは一体どのような人のことをさすのか。筆者が考えるに，他者との協調のもと，個人として自立し，自分の頭で考え，自分の判断で行動できる人，また，社会的責任を自覚し，身近なレベルから地球レベルにいたるまでの大小さまざまな地域スケールで起こる諸課題を自分自身の問題としてとらえ，その解決に積極的に働きかけていこうとする人のことを市民と定義したい。そして，そのために必要な学力として，価値判断能力，意思決定能力，社会参加能力をあげておきたい。

先述したように，地理教育の目標は市民性の育成にある。それならば，自然的・社会的諸事象に対する分析・考察のレベルにとどまらない問題解決・政策提言・社会参加のプロセスを重視した授業が展開されて然りである。事実，現行高校学習指導要領のもとでは，地理Ａ・Ｂともに「現代的諸課題の地理的考察」が学習内容に設定されており，人口・食料・資源・環境・民族・領土など地球的諸課題の解決へ向けての地理教育の社会的貢献が期待されている。だが，実際には，事実認識の深化と客観的知識の習得に学習目標がとどまっている授業実践がほとんどで，学習内容が社会的有用性に乏しいとの批判も根強い。

こうした現状を打開するべく，筆者自身は市民性育成をめざした授業実践のあり方について日々模索しているが，その際「現代的諸課題をテーマにした主題学習」「主体的な学びのプロセス」「学びのプロセスを支える学習方法の工夫」の３条件を重視している。本稿ではとりわけ，学びのプロセスを生かした授業のあり方に焦点を当てながら市民性育成を目指した地理授業のあり方について問題提起をする。その際，「①地域の構造的理解→②問題の発見→③背景・要因の追究→④解決策の模索→⑤地域の将来像への提言→⑥地域づくりのための社会参加」という６段階のプロセスを踏まえて述べていきたい。

2　授業実践「北方領土は誰のもの？」

本実践は高校２年で実施の地理Ｂの学習テーマ「国民国家で構成される地球社会」のなかに位置づけた（表6.1）。北方領土を取り上げた理由は次の通りである。

① 「北方領土はかつて一度も外国の領土になったことがないので，日本固有の領土である」という日本政府の見解の根拠が不明確であること。

表 6.1　「国民国家で構成される地球社会」学習計画

<table>
<tr><th>学習テーマ</th><th>時間数</th><th>学　習　項　目</th><th>学習のねらい</th></tr>
<tr><td rowspan="4">国民国家で構成される地球社会</td><td>１時間</td><td>①国家の３要素
②戦後独立国家の地域的特徴
③植民地保有の理由</td><td rowspan="4">①地球社会は 192 の主権国家とそれ以外の地域から構成されていることを理解する。
②国家間は互いに領土や国境線のあり方をめぐり，対立していることを理解する。
③グローバル化の進展によって，国家は国境の枠組みを越えて互いに協力体制を構築する必要性があることに気づく。</td></tr>
<tr><td>１時間</td><td>④国家領域の概念
⑤中央集権国家と連邦国家
⑥国境の種類とその意味
⑦領土問題の世界的分布と解決策</td></tr>
<tr><td>１時間</td><td>⑧北方領土は誰のもの？</td></tr>
<tr><td>１時間</td><td>⑨アフリカ諸国の国境線から諸課題を見いだす
⑩国際協力の必要性</td></tr>
</table>

② 領土問題を公正な立場から検討するうえで，ロシア政府が北方四島を自国の領土と主張している根拠を知る必要があること。

③ 日ロ二国間の領土問題のなかで先住民族・アイヌの視点が欠落していること。

④ 領土返還後の北方四島の未来構想が政府レベルで提案されていないこと。

⑤ 北方領土という名称がいかなる経緯で名づけられたのかが不明確であること。

このように，北方領土問題ひとつをとってみても，実にさまざまな疑問点が浮かび上がってくる。日ロ二国間の領土問題は複雑で，解決の難しい問題なのである。本実践のねらいは，北方領土問題にかかわるさまざまな見解を提示することで，この問題を多面的かつ相対的にとらえるとともに，グローバル時代に相応しい解決策とこの島々の将来構想について問題提起をすることにある。本実践がどのように展開されたのか。1時間分の授業の概要について以下に紹介したい。

①　千島列島の範囲とは？

まずは，地図帳で北方四島と千島列島の位置を生徒たちに確認させ，根室海峡からカムチャッカ半島にかけて（歯舞諸島と色丹島を除き）火山性の島々が連なり，これらの島々が太平洋とオホーツク海との接点にあることに着目させた。次に，千島列島の範囲を確認させた。択捉島とウルップ島の間に国境線が引かれていること，カムチャッカ半島とシュムシュ島の間に国境線が引かれていることに着目させ，ウルップ島からシュムシュ島にいたる島々が日本政府の主張する千島列島の範囲であることを確認させた。

ここで千島（ロシア名クリル）列島を含めたロシア・サハリン州の地図[(2)]を提示し，ここから千島列島は北方四島を含んでいること，ロシアはこれらの島々を自国領としていることを確認させ，次の説明を行った。「日本政府は1951年のサンフランシスコ平和条約において，日露戦争後の1905年に主権を獲得した千島列島の放棄を宣言しているが，北方四島は歴史的経緯（1854年の日露和親条約で択捉～ウルップ間を両国の国境線とし，四島はその後北方開拓の最前線を担った）

から北海道に属し，千島列島には含まれないという見解をとっている。政府が1956年の日ソ国交回復以降，四島の名称を南千島から北方領土に変更し，千島列島と区別していることの根拠はここにある。一方，ロシア政府は，1945年に米英ソ間で締結のヤルタ協定で日本敗戦後に南サハリンと千島列島の領有が認められ，北方四島も地理的観点からみて当然千島に含まれると主張している。」この説明から日ロ間の領土問題の原因は千島列島の範囲に対する見解の相違にあることを生徒たちは理解したようである。

②　国境線が引かれている理由とは？

地図帳で再度，択捉島～ウルップ島間の国境線，カムチャッカ半島～シュムシュ島間の国境線を確認させた後，かつて樺太と呼ばれたサハリンに目を転じ，北緯50度線を境に「南北分断」を示す国境線の存在を確認させた。そのうえで，これらの国境線が引かれている理由について生徒たちに少し考えさせた後，日本の地図では千島列島とサハリンの南半分がどこの国にも属していない帰属未定地となっていることを説明した。次に，ロシアの地図には両地域ともに国境線が存在せず，ロシア領となっていることを確認させ，この違いがなぜ生まれるのかを考えさせた。そのうえで，違いの原因はサンフランシスコ平和条約の内容にあることを次のように説明した。「サンフランシスコ平和条約は日本の戦後の国際社会への復帰をめざしアメリカなどの資本主義陣営との間に結ばれた。その結果，日本が過去の戦争で獲得した植民地を放棄し，日本が放棄した千島列島，南サハリンは帰属未定地となった。ソ連はこれらの地域を日本の敗戦後に自国の統治下に置いたものの，平和条約を締結しなかったため，その領有権は国際法上認められなかった。しかも，ロシアが領有を主張する根拠となっているヤルタ協定も密約会談であったため無効とされた。」

③　千島列島に属する島々は何語なのか？

北方四島を含む千島の島々の名称はもともと何語だったのか，これらの島々にもともと居住していたのは誰だったのかを生徒たちに問いかけ，即座に「アイヌ語，アイヌ民族」という答えが返ってきた。そこで，色丹，国後，ウルップを例に，これらはいずれも「コタン（村）」「シリ（山，地，崖）」「プ（川）」というアイヌ語に該当すること，千島の地名の多くはもともとアイヌ語であったことを説明した。続いて，かつてこの地はアイヌモシリ（人間の大地）と呼ばれ，アイヌの居住地であったこと，近代以降，日本とロシアが資源獲得と領土拡大をもくろんで彼らの土地を収奪し，それぞれの国家に編入しようとした歴史的経緯を説明した。その後，生徒たちに北海道やサハリンにも同一の地名があるかどうか地図帳を使って調べさせ，次の説明を加えた。「これらの地名の多くは漢字表記になっているが，その大半は当て字が多く，意味をなさない。アイヌは文字を持たなかったため，日本の侵略後，地名は日本の都合のいいように改称されたのである。先ほどのサハリン州の地図からもアイヌが過去に築き上げてきた文化を完全に否定し，エカチュリーナやボロンスキーなど自国の英雄の名前を冠するなど“地名の抹殺”行為が読み取れる（図6.1）。こうした行為は日本もそうだが，かつての欧米列強の植民地支配においても同様になされていた。」それから，アメリカ大陸やオセアニア，太平洋諸島の地名を地図帳で調べさせ，世界各地の「植民地時代の負の遺産」を確認した。

④　日ロそれぞれが四島にこだわる理由とは？

日ロ両国が四島の領有にこだわる理由について生徒たちに質問を投げかけた後，地図帳からこの地が寒流の千島海流（親潮）の影響で北洋漁場の拠点となっていることを確認させるとともに，配布資料[3]より森林資源や鉱産資源も豊富で，風光明媚な自然景観に加え，火山帯ゆえに温泉地も豊富なため観光地としても有望で両国の経済発展に欠かせないことを読み取らせた。そして，両国が開発を行うことでどのような問題点が生じるのかを予測させた。なお，こうした開発行為は日ロが千島や樺太に目をつけた17世紀以降に徐々に始まり，両国の推し進めた開拓政策が結果的に先住民族の聖地を穢し，文化を破壊し，居住権を侵害していった事実について目を向けさせた。

⑤　北方領土問題の解決へ向けて配慮するべきこととは？

北方領土問題は両国がアイヌの存在を無視し，この地を利益獲得の対象とした結果，生じた問題であることを説明した。そのうえでこの問題の解決のために配慮すべきこととは何かを生徒たちに問うと「アイヌの視点が重要で，アイ

図 6.1　北方領土と千島列島の位置
北海道根室高等学校地理研究部（1991）に加筆・修正

ヌに島を返すべきである」という意見が多数出た。だが，日ロ双方から同化政策を強いられ百数十年以上経過している今日，今さらアイヌモシリを築くことは現実的ではない。むしろ，ソ連に住居を奪われ，島を出て行かざるをえなくなった（アイヌを含む）日本人旧島民と，日本への返還後に島を追われる可能性のあるロシア人現島民の今後について考えていくべきであることを示唆した。

⑥　北方領土問題の解決策と島々の未来像を描いてみよう！

本実践の最大の焦点である。ここでは，北方領土にかかわる日本，ロシア，アイヌの見解をそれぞれ読ませたうえで，領土問題の解決策と四島の将来構想を具体的に示す。しかし，授業時間内で行うことは不可能なので，各自の宿題として期日までに提出することを義務づけた。三者の見解を踏まえながら，より公正な立場から島々の将来像を描いていくよう生徒たちに指示することで本

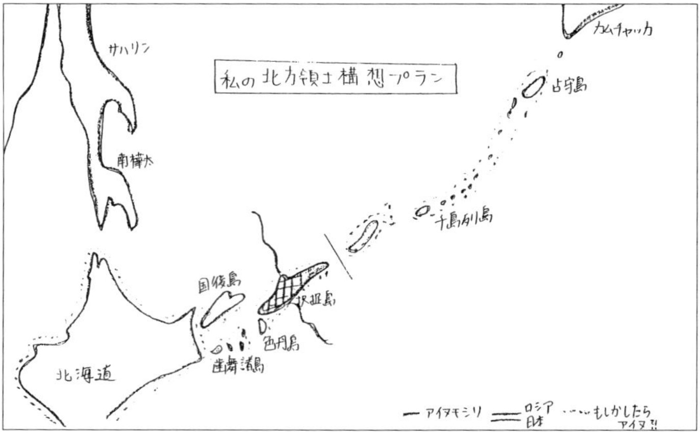

図 6.2　生徒が考えた北方領土の将来構想

実践は終了した。なお，図 6.2 には生徒たちから提出された将来構想のなかからとくに優れていると筆者が判断したものを示した。

3　授業実践を振り返って

本実践に対する生徒たちの感想をいくつか紹介する。「先住民のアイヌが一番気の毒だと思った。日本もロシアも奪い合う前に，もとから住んでいた人がいたことをしっかり認識すべき。」「両国が資源のために土地の取り合いをし，その土地に住んでいる人たちのことを考えていない。日本に返還されるにしろ，今の住民が変わらない生活ができるよう対策をとってほしい。」「よくニュースでこの問題をやっているけれど，今回の授業でよくわかりました。やっぱり問題は複雑です。」「日本は実は自国の利益を一番大切にしているのだとわかった。グローバル化を目指すならもっと大事なことがあるような気がする。」生徒たちはこれまで，日本の視点だけで領土問題を考えていたが，より深い視点で問題の本質をとらえるとともに，より大局的な見地から物事を見ていかなければ問題解決にはいたらないことを理解したようである。

本実践では生徒たちの市民性を育成するために，主体的な学びのプロセスを重視し，彼らの思考・判断する時間を確保するよう努めてきたが，内容が多岐にわたり，時間的制約も大きかったため，結果的に教師の説明が多い授業となってしまった。また，社会参加の重要性を指摘しながら，その段階に到達することは困難であった。これについては今後の課題としたい。最後に，かつてのサハリン北緯50度線上の日ロ間の国境設定によって民族分断を余儀なくされたウィルタ族の長老の言葉を引用する。この言葉はグローバル時代の今日においてより大きな意味をもつものと思われる。

「くには一つ，くには神さまのもの。ルチャ（ロシア）のもの。ちがう。シシャ（日本）のもの。ちがう。くには神さまがつくったもの。だからみんなのもの。道（国境）は仲良くみんなが往ったり来たりするためのもの。」(4)

注

（1）　泉貴久「地球市民の育成を目指した地理教育の理論と実践―グローバル時代に相応しい地理教育のあり方について考える―」『日本私学教育研究所紀要』No.40⑵教科篇，2005年，109-128頁。

（2）　ロシア連邦・サハリン州政府発行のサハリン全島と千島列島全域を示す125万分の1地図。

（3）　次の文献を参考に資料等を作成した。岩下明裕『北方領土問題―4でも0でも，2でもなく―』中央公論新社，2005年。澤田洋太郎『沖縄とアイヌ―日本の民族問題―』新泉社，1996年。北海道根室高等学校地理研究部『北方領土　高校生が聞いた202の話』 日本教育新聞社，1991年。和田春樹『北方領土問題―歴史と未来―』朝日新聞社，1999年。

（4）　田中了『サハリン北緯50度線―続・ゲンダーヌ―』草の根出版会，1993年，98-100頁。

第7章　グループ調査・発表を活用した諸地域学習

荒井正剛

1　主体的な学び合いの場をつくる

主体的な学習の意義は大きい。自分自身，高校で西アジアを調査・発表した内容をよく覚えている。世界や日本の諸地域学習では，各地域について，自然，人口，産業などの面から学習することが多い。それならば，事例地域の学習を通して，地域を考察する内容と視点・方法を指導すれば，そのほかの地域を，生徒が主体的に調べることは難しいことではあるまい。事例地域の選択について，イギリスでは経済発展段階の異なる国を選んでいる。とくに「途上国」は，現代世界の諸問題を考察して自分の生活を見直すうえでも，また，生徒のステレオタイプな認識を払拭させるためにも，取り上げるべきである(1)。

事例学習を踏まえて，それ以外の地域を分担して調べ発表させる。発表を自分が調べた地域や事例地域と比較して聞けば，地域的特殊性と一般的共通性を考察できる。さらに，すべての発表が終わった後で，まとめとして，多くの地域に共通することや，自分たちが調べた地域の特色を改めて考察する。こうすれば，限られた授業時間内でも世界や日本の諸地域を大きくとらえられるし(2)，発表学習での課題とされる聞き手の関心を高めることもできる。発表を「発表会」のような一過性のものではなく，生徒たちが主体的に学び合う場にしたい。

本を丸写しして読み上げるのではなく，地図や図表，写真を活用して，筋道立てて，わかりやすく説明することを一番に心がけさせる。また，聞き手に質問したり，資料を読み取ってもらったりして学び合いの雰囲気を高める。

２　実践「各グループが発表した国々の共通点を考えよう」

単元「途上国」（中学１年）について，すべての発表が終わった後のまとめを紹介する（1998年の実践）。本単元は，アメリカ合衆国と中国の事例学習，EU諸国のグループ発表学習の後に設定された単元である。

《生徒に提示した単元の学習課題》

- 「途上国」と呼ばれる国々の特色とその背景を，資料を使って調べ，説明する。
- 調べた国について，その特色や課題などについて，事実をもとに感想・意見を発表する。
- 発表を通して，「途上国」の共通点と，調べた国の特色とその地理的条件をつかむ。
- 南北問題への関心を高め，その原因について考察する。

単元の展開

①調査対象国の決定と調査

調査希望地域・国がある生徒には，その理由とともに第３希望まで出させる。多様な地域が発表されるように，教師が調整して，グループを決める。

まず自分たちがその国について知っていることを出し合う。地図帳を使って調査対象国を概観し，統計を使ってその国からの日本の輸入品や生産量の多い産物を調べる。そして，より深く調べてみたいことを考える。その際，教師は地理的な考察に適しているかどうか助言する。調査では，資料を使って国の特色とその背景などを考察するように指導する。

②発表準備――わかりやすい発表をするために

みんなにわかってもらいたいことを明確にする。それらをどういう順番で，どの資料を使って，どのように発表したら，聞き手にわかりやすいか考える。適切な資料，とくに地図や写真，統計を使うことを強調する。

③発表――聞き手の指導

表 7.1　グループ発表学習の記録用紙の記入例

国名	自然	歴史・人口	農業	鉱工業	貿易	その他
メキシコ	すずしい		トウモロコシ 全耕地の半分以上でトウモロコシを作っている。	自動車. 逆輸入. 中部アメリカの中では機械工業も進んでいる。原油, 銀, 金, 亜鉛	銀, 金, 亜鉛 輸出 トウモロコシを輸入	原油の価格が大きく下がり, 輸出品が減ったから。
ブラジル	暖かい, 広い 雨が多い 大規模な森林伐採	混血が進んでいる●	コーヒー, さとうきび	自動車, 鉄鉱石, アルミニウムなどの鉱物	鉱物	貧富の差が激しい○ 高度成長をしたが, 国内の物価が上がり, ますます貧富の差が激しくなったから。
アルゼンチン	パンパ (温暖) ラプラタ川 乾燥	白人97% スペインなどにせんりょうされる●	パンパが主。小麦, とうもろこし, 条角など (酪農がさかん)	南から石油が出る	乗用車を輸入 皮革, 食肉, 石油, 食用油, 飼料など輸出	貧富の差が激しい○ 混血 人種差別が少ない。
南アフリカ	降水量が少ない● すずしい 山がち	アパルトヘイト	とうもろこし, 牧草地	地下資源●	とうもろこし 地下資源●) 輸出	平地が少ないから。
エジプト	砂漠が広がっている ナイル川 ●	独立が遅かった●○	少ない。	ダムが2コ (大きい) 少ない。		ピラミッド 観光業がさかん。
サウジアラビア	とっても熱い 降水量がとても少ない● 砂漠●		なつめやし	油田● 原油●	原油－輸出● 機械類－輸入	貧富の差○
タイ	熱帯雨林気候 サバナ	13世紀から独立国●	ゴム, 油やし 米 ⇓ 16%	日本と関わりが深い	米－輸出	米やゴムなど, 重要な生活の支えが自然まかせだから。○ 天然ゴムにかわって合成ゴムが進出しているから○
インドネシア	熱帯雨林気候 冬に雨多 夏乾	ヨーロッパの植民地	天然ゴム 茶, コーヒー えび (養殖) プランテーション	油田● 天然ガス.	えび→日本へ	一極集中←首都から遠くへ…○ 焼畑のやりすぎ
ベトナム	高温…赤道に近い 5〜10月…多雨 湿度が高い	ベトナム民族90%, その他約50の少数民族 フランスや日本に占領された	米 (インディカ米) と機械化✕ コーヒー, 天然ゴム	ボーキサイト, 鉄鉱石, 石炭, 石油●	輸出－米, ゴム, コーヒー 輸入－あまりない	カトリック教 独立してまもないから。○ 機械化がされていないから○ 労働力が少ない。○
	温帯〜熱帯	占領される● 植民地	機械化されていない。まあまあさかん。	地下資源が多い。機械化がされていないので遅れている。	農業や地下資源の輸出が多い。	貧富の差が激しい。○ 重要な輸出物の価格が下がった。○ 工業の遅れ○ 自然にかたよる。

共通点→ピンク●　経済的に豊かでない理由→青色○　特長→オレンジ　パンパと同じ→ピンク二本

（実際には記録用紙の欄外に示された色分けをしているが，ここでは上記の印に代えた）

自分が調べた国との共通点を意識して聞き，記録用紙に記入する（表 7.1 参照）。

各発表後，自分たちの調査と比較した質問を奨励したが，それは容易ではなかった。最後に，発表の内容や方法について，聞き手にコメントさせた。

④まとめ（本時）

本時の展開（T：教師，S：生徒）

T　発表のまとめとして，多くの国に共通することと，自分たちが調べた国の特色を考えましょう。まず，多くの国に共通することについて。記録用紙に自分が調べた地域と共通することをメモしました。このうち，複数の地域に見られることをあげてみましょう。最初に各自で作業しましょう。

S　（記録用紙の最下段に共通点を記入する。）

T　書いたことをグループで出し合ってみましょう。

S　（グループで共通点を出し合う。）

写真 7.1　グループで共通点を考える
勤務校の社会科では，丸テーブルを置いたグループ学習室を設けている。

T　各班から１つずつ発表してもらおう（板書する）。

S　農業生産がさかん。

S　熱帯の地域が多い。

S　地下資源が多い。

S　重工業が発展していない。

S　原料を輸出している。

S　農産物の割合も高い。

S　製品を輸入している。

S　かつて植民地であった。

S　貧富の差が大きい。

T　ここにあげられたことで，違うのではないかと思うことはありますか。

S　ありません。

T　「途上国」が経済的にあまり発展していない理由を考えてみましょう。ここにあげられたことで，関係がありそうなことをつないでみましょう。

（以下，それぞれの発言を受けて，板書された共通点を矢印で結んでいく。）

S　「地下資源が多い」から「原料を輸出している」。

S　「工業が発展していない」から「輸出品では農産物など原料の割合が高い」。

S　「熱帯の地域が多い」から，熱帯でしか取れない「農産物を多く輸出する」。

S　「地下資源が多い」のに，なぜ「重工業が発展していない」のだろう。

S　ヨーロッパの国々が，植民地に原料を求めたと書いてあった。

T　どうして。

S　自分の国の工業に必要だったからで，今でもそれは変わらない。

S　植民地では，原料を生産すればよく，工業はいらないということ……。

S　でも独立してだいぶ経っているけど？

S　タイでは，工業の発展のために，外国の会社に来てもらうなどしている。それは工業に必要な技術と資金が足りないからと書いてあった。

T　ということは，何と何が関係ある？

S 「植民地であった」から「工業が発展していない」！

S 「植民地であった」から，今でも「農産物など原料を多く輸出している」。

T 「植民地であった」ということが，今日でも，これらの国々に大きく影響していることだね。植民地については，歴史でも学習します。

T 次に，各グループで，自分たちが調べた地域の特色を改めて考え，また，その理由を考えてみましょう。

S （各グループで話し合い，要点をまとめ，提出する。）

本単元についての生徒の感想から

①調査・発表について

- 「グループでの利点は，人に自分の意見を聞いてもらい，これは私だけの考えなのか，それとも人も考えているかなど人の意見と自分の意見を詳しく比べることができる事です。」
- 「他のグループの発表は，自分たちの考えていなかった問題点や考えがあったので，自分の国については，それはどうなのだろうと，考えることができたので，よかったと思います。」

このように，グループでは，問題を自由に気軽に考えることができる。生徒は友達の発表から学び，自分たちの調べた国をあらためて考えることもあった。

②まとめについて

- 「この９つの国の共通点！　最初は，かなり離れた国だったので，共通点なんてあるのだろうかと思ったけど，思いのほか，共通点がたくさんあったので，おもしろかった。」
- 「独特な特色は各国違うが，共通点を考えると深い真実が見つけられ，理由も考えることができる。」
- 「共通点どうしがつながっているからおどろきである。」
- 「まとめたことで心が一つになった⁉」

このように，共通点が多いこと，また，その共通点が相互に関連していることに興味をもった。個々の事実のつながりを考え，知識を構造化することができたことがよかったといえる。まとめでさまざまなことがわかったことと，グループ発表学習の充実感を得ていることがあきらかになった。

3　グループ発表学習の理論と方法

「グループ発表学習」は筆者の造語で，単元の学習内容をグループで分担し，その調査内容を発表して，学び合う学習のことである。地理的分野では「途上国」のほか，「人々の生活と環境」，「EU 諸国」，「世界の国々」，「日本の諸地域」で実践し，それぞれのまとめで，地域的特殊性と一般的共通性を考察した。歴史的分野では「古代の文明と国家」，「明治維新」，「アジア・太平洋戦争」で，公民的分野では「基本的人権」で実践し，まとめで，明治維新のねらい，基本的人権と公共の福祉のバランスなどの単元目標の達成にせまった。単元の学習内容を分担したのだから，すべての発表から学ぶまとめが必要である。このように，グループ発表学習は，個々の発表だけでなく，まとめで総合的に考察することを通して，主体的に学び合うことを重視する。

調べ学習が重視されるようになってきたが，きれいにまとめてある割に内容の薄いものが散見される。調査・発表を充実させるためには，あらかじめ調査内容や考察の視点と方法を指導する必要がある(3)。その意味では，生徒の調査・発表は，事例学習やそれまでの学習の評価の場，授業の見直しの場ともなる。

時間的制約もあり，また，生徒の発表の拙さを心配して，調査・発表の場を設けることをためらわれがちである。しかし，教師が指導すれば効率的に学べるのだろうか。教育に効率を求めすぎていないだろうか。そもそも，世界や日本の諸地域についての知識はどこまで必要なのだろうか。むしろ，世界や日本の地理的事象に関心をもたせ，それを考察する視点と方法や地理的スキルといった形式陶冶や，他の地域の学習を通して身近な地域や日本のあり方を見直すなど公民的・市民的資質を育成することも大切である。

グループ発表学習について，大部分の生徒が，たいへんだったが，またやりたいと答えている。発表は１回で上手にできるものではない。回を重ねるごとに，生徒は友だちの発表を見て，ときにはクイズや寸劇を取り入れるなどさまざまな工夫をして，発表を向上させていく。調査・発表内容だけでなく，どうすれば考察が深まるのか，みんなに興味をもって聞いてもらい，わかってもらえるのか，考察や発表の方法についても，生徒の相互啓発がみられた。

学校は多様な生徒が集まり，学ぶ場である。とくに社会科では，話し合いなどを通して，価値認識も含めて，相互啓発を大切にしたい。イギリスなど欧米諸国では，自分が調べたことを，適切な資料を使って，他人にわかりやすく伝える表現力や，協働作業力，意思決定力を重要なスキルとしている。まず，生徒の主体的な調査・発表の場を，あらかじめ年間学習指導計画に位置づけてみたいものである。

注

（1）　現行学習指導要領では２～３の事例しか取り上げられず，「先進国」からアメリカ合衆国，「途上国」からマレーシアを取り上げている。後者は，生徒が日本との関係の深さに気づいていないこと，経済成長がいちじるしいこと，イスラム教やヒンドゥー教を取り上げられること，日本がかかわっている環境問題を取り上げられることなどから選んだ。

（2）　地誌学習は１つの地域を多面的・総合的に考察する点に特長があり，90時間程度の授業時間で世界と日本の諸地域を網羅するには限界がある。

（3）　鈴木（2002年）は，２つの事例地域で，基礎的・基本的な概念や見方・考え方を段階的に指導してから，調査活動に入っている。その際，近代化の光と影に着目させている。

第8章 「ここの地域」の学習から始まる中学校の日本地誌

春名政弘

1 なぜ,「ここの地域」の地誌なのか

学習指導要領が大きく変わり，中学校では，日本地誌として学ぶ場面がなくなった。しかし，地誌学習は，地理の根幹であり，場所による地域の違いを知って，日本の地域の構成がわかるということは，国民的教養である。現学習指導要領下で，日本地誌が具体的に展開できるのは，「地域の規模に応じた調査」のなかの「都道府県を調べる」と考える。なお，本実践は，2005年度に，筆者の前任校である埼玉県草加市立栄中学校の1年2クラスを対象として行ったものである。全学年5クラスを2人で担当したため，ほとんど教科書（東京書籍版）の内容に沿った柱立てとなったが，そのなかで都道府県の学習を通して，日本の地域がわかる構成になるように工夫した。

教科書に記述してある3都県であるが，都道府県を調べる事例として示したものであって，本来学習しなければならないものではない。どの都道府県を調べるのかは，授業者または子どもたちに委ねられていることである。しかし，筆者の実践においても，2人で1つの学年を担当するという制約があるため，都道府県の学習として，東京都，岩手県，福岡県の学習は前提となっている。

本実践においては，①地域の特徴を「物産」で示すのではなく，各地域の地域住民の就業構造の比較によって表す。②地域の特徴を地域住民がどのように取り組み地域を変えてきたのかという視点から描く。③②のなかで明らかになった地域の問題を一般化して地域の特徴を表すという方法をとる。したがって，ここでは，従来型の地誌を行うものではない。具体的に地域を学ぶことの理論

や方法については，別に展開した（大谷猛夫・春名政弘『中学校の地理30テーマ＋地域学習の新展開』地歴社，2004年，161-163頁）。

学習指導要領において問題なのは，どう３つの都道府県を取り上げるのかという点ではなく，３地域で日本の地域の成り立ちがわかるのかが問題である。その点からいうと，現代の日本の地域は，「中心域」「中間地帯」「周辺域」の３地域の区分されるという見解が一般的である（安藤萬壽男・伊藤喜栄『新訂　世界の地域システム』大明堂，1999年，17-22頁）。日本の地域を理解するという点でいえば，３地域の特徴がわかり，その広がりがわかれば，目標はおおむね達成できると考える。本実践においては，周辺域において，第二次産業が製造業よりも建設業に頼る地域は特別に取り上げるべきであるという考え，教科書が取り上げている３都県以外に，高知県を取り上げることにした。なお，学習指導要領において，「調べ方を身につける」ことが強調されているが，それはこうした各地域の学習のなかで自然と身につくものと考える。それを集大成するものが４都県の学習の最後に行う「日本の各地を調べる」の単元である。

もうひとつ，本実践のおいて工夫したのは，「身近な地域」と一体化することである。教科書には身近な地域の調査例が示されているがあまり現実的ではない。しかし，「身近な地域」と「居住している都道府県」の学習は，地域の実態を身近に感じられる格好の教材である。この学習のなかから，日本の地域を学習するなかでのテーマを設定し，テーマについて具体的に学び，それを４都県の学習のなかで抽象化して考え学習を深めることを考えた。

以上のような考えに基づいて，以下のような授業プランを作成した。１．草加を探る：①草加市の人口変化，②草加市の人口増加地域の変化，③地域をつくる人達（松原団地自治会，草加の地産地食クラブ），２．東京都，３．埼玉県，４．福岡県，５．岩手県，６．高知県，７．日本の各地を調べる。このプランでは，草加市の学習のなかで取り上げた話をベースにして，各地で有機農業と住民運動・地域づくりをテーマにして，学習を構成した。

2 馬路(うまじ)村の村おこしの授業

(1) この授業のねらい

馬路村は林業の村だったが，国有林事業の後退とともに，急激に過疎化が進行した。そのなかで農協を中心とするゆず製品による村おこしが進められ，「全国の過疎に悩む地域に熱いメッセージを発信し続ける」村として知られている。馬路村の学習を通して，過疎化の現実を知るとともに，その問題を解決する展望も学ぶ事をこの授業のねらいとする。

高知県の授業の流れとしては，まず高知県を概観する。そのなかで就業構造の比較から高知県の特徴を把握する。また，2000年と2005年の県内の市町村別の人口増減率の分布を見て，山間地域で人口減少率が高いことを読み取る。そのなかで人口減少率の低い馬路村があることを読み取る。次に馬路村の学習にはいる。そして，馬路村を学習した後，自然は豊かだが，工業が衰退傾向にあり，土木工事をはじめとする公共事業に頼る地域の課題を高知県の課題として考える。高知県のおかれている状況が全国的にどのようになっているのかを見ることで，周辺域の現状と課題を考える。

(2) 社会科地理の授業づくり

筆者は授業展開にあたっては，子どもたちに課題を提示して，ともに考え，結論をまとめて，プリントにある資料や実物あるいはビデオで確認し，1時間のなかで子どもたちとともに発見の旅をすることにしている。そのための教材は中学1年生の感性にあったものでなければならないと考えている。魅力ある教材に出会わなければ子どもたちは興味をもって調べたり学んだりはしない。教材開発は社会科地理の授業の生命線である。授業で用いたプリントの一部を以下のページに示した。全部で3枚あり，展開に応じて配布するようにしている。

(3)「馬路村の村おこし」の授業に用いた資料

馬路村の統計は村発行の村勢要覧「ふんわーりふわふわ馬路村」に，2000年，2005年の国勢調査の結果を付け足して作成した。文章資料は村勢要覧と馬路農協発行の「みんなぁのおかげです」から作成した。実際の授業では，文章やレイアウトに味わいがあるので，打ち直さずコピーして使用した。ゆず製品は通販で購入し，ダイレクトメールに同封されている製品のパンフを保存しておいて使用した。また，村商工会発行のビデオ「ようこそ馬路村へ」を購入し使用した。

(4)「馬路村の村おこし」の授業の流れ

①　馬路村の人口変化を考える

T　前の時間に山の中にあるのに人口が減っていない村がありました。馬路村といいます。馬路村を地図帳で確認しましょう。どんなかんじの所ですか（山村であること，また，ゆずが特産物であることも確かめる）。

T　プリントを配ります。資料8.1を読んでください。これを読んでもう少し具体的にどんな村か言ってください。

資料8.1　馬路農協に勤める若い人のことば

> コンビニもないし，ゲームセンターもない，おしゃれしても行くところがない，でもわき水は自然のままでおいしいし，山の風は缶詰めにしておくってあげたいくらい，気持ちがいい。街には街の村には村のできることがあると思う。私たちはそんな大切な何かを忘れずにこれからも物をつくっていきたい。（馬路農協のパンフレットより）

S　ゲーセンがなくては，生きていけない。

S　自然がいっぱいありそう。

S　この人，なんだか自信がありそう。

S　でも，ゲーセンもコンビニもないんだよ。僕は嫌です。

T　何にもないけど，自然がいっぱいありそうな村ですね。この人が言っていることもおもしろい。もう少し具体的に調べてみましょう。プリントの表

表 8.1 馬路村の職業別人口の変化 (単位：人)

	農林業	建設業	工 業	卸小売業	運送業	サービス業	その他	合 計
1966 年	617	114	111	132	86	107	5	1,172
2000 年	114	74	92	38	21	171	50	560

(「馬路村村勢要覧」「高知県の人口」より作成)

表 8.2 人口の変化

年	人口	増減
1950	2,839	
1960	3,425	586
1970	2,134	−1,291
1980	1,740	−394
1990	1,313	−427
2000	1,195	−118
2005	1,170	−25

(「村勢要覧」「2005 国勢調査速報値」より)

8.1 を見てください。いつも見ている働く人の数です。どんなことがわかりますか。

T 農業と工業が多いのが特徴。大きく減ったのが農林業運輸業や卸小売業，結構減っていないのが工業。ということになります。

T 人口はどう変化していますか。表 8.2 を見てみましょう。

S 1960 年から 1970 年頃に大きく減っている。

S あまり減らなくなっている。

T だからほかの山間部に比べて，人口減少率が低い（1960 年以降の人口減少の原因は国有林事業の縮小木材輸入政策と，労働力確保政策としての中山間地の切り捨て政策であることを説明する）。

T 人口が少なくなったこともありますが，最近人口の減り方が緩やかになっています。なぜでしょうか。

S 人口が減りすぎて老人が少なくなった。

S 子どもが増えている。

T みんなの意見を確かめるため，表 8.3 で年齢別の人口を見てみましょう。

T 人口は全体で減っているのだけど，増えているところがあります。

S 1990 年と 2000 年の間に 40 代の人口が増えている。

T ほかにはありませんか。

S 30 代はもっと増えています。

T そうです。皆さんの親の年代の人口が増えているのです。若い世代の人が多くなると，子どもの数も多くなります。実は馬路村は子どもの割合がが高知県で２番目に高いのです。

表 8.3　馬路村の年齢別人口の変化

年＼年齢	0～9	10～19	20～29	30～39	40～49	50～59	60～69	70～79	80～
1960	682	559	622	635	365	281	178	84	19
1970	327	251	242	401	396	243	152	98	24
1980	202	156	178	235	330	312	179	100	48
1990	138	96	101	145	193	246	192	129	55
2000	129	93	79	136	146	181	196	152	83

(「馬路村村勢要覧」「高知県の人口」より作成)
表 10.3 の見方を説明して，各年齢層の時間変化を追跡する。たとえば 1980 年に 10 歳未満の層は 1990 年には 10 代の人口になり 2000 年には 20 代の人口になる。1980 年 = 202 人，1990 年 = 96 人，2000 年 = 79 人となる。

T　なぜ若い人が増えたのでしょうか。

T　この年代の人が増えたということは，どこかからやって来たということです。若い人はどんな仕事をしているのでしょうか。

S　自然がすきなので山で働く。

S　特別なハイテク工場がやってきた。工業で働く人は減っていないのだから。

②　馬路村の村おこしをみる

T　皆さんの意見を確かめてみましょう。次のプリント（資料 8.2）を配ります。

資料 8.2　馬路流のユズづくりは自然がお手本

馬路村にとって，昔から栽培され続けてきたユズも村の担い手の高齢化によって青果で出荷するには，労働力不足で難しくなっていきました。けれど JA 馬路村とユズ部会が中心となったがんばりで，少しずつ加工品としての出荷が確保できるようになっていきました。「ゆずの佃煮」から始まった商品開発が，「ポン酢しょうゆ・ゆずの村」や「ごっくん馬路村」などさまざまな加工品を生み出すことで，馬路村のゆずは次第に元気になってのです。馬路流のユズづくりの特徴は，無農薬でつくる分，たっぷり愛情を注ぎ，あとは山のチカラ，そして自然のチカラにまかせます。だからこそ，どこに出しても恥ずかしくない，最高の香りのある製品に仕上がります。そして今では，「馬路のユズやないといかん」とまでいわれるほど全国にファンが広がっています。そんなお客さんの応援に助けられ若い人も村でユズづくりに取り組めるようになり，少しずつ若者も帰ってくるようになりました。(「馬路村村勢要覧」より)

S 「ごっくん馬路村」って何。

T これです。なんなだと思いますか。

S ジュース。おいしいのですか。

T とってもおいしいです。ハチミツ入りのユズジュースです。今年の夏私の家では90本買いましたが，あっという間になくなりました。

S 飲ましてよ。先生が買って。

T 家の人に頼んで買ってもらいなさい。インターネットでもはがきでもファックスでも頼めます。

T 若い人は何をしていますか。

S 山でユズをつくる。ここでも無農薬。

T だからおいしくて安心。つくったユズは，どうなった。

S ごっくん馬路村になった。

T 誰がこれをつくったのですか。

S 農協の人。

T これを生産しているのは。

S 農協。

T それで今では農協の工場に50人以上の人が働いています。若い人はここでも働いています。こんなにたくさんのユズ製品があります。あとで見てください。(農協のパンフを見せる。) ユズの力を生かして，若い人が働く場をつくったのです。

T ところで，なぜ製品は売れるようになったのでしょうか。

S 売り込みに行く。通信販売。オークションで売った。

T でも，どうやってみんなに馬路のユズ製品を知らせたのでしょうか。

T 実はテレビでCMを流しました。それでどっと売れるようになったそうです。それでCMにはどんな人を出演させたでしょうか。

S 有名タレント。村の人。村の自然や動物。

T じっさいに今からCMを流しますので，見てください。

(ここで「ようこそ馬路村」のテレビCMのビデオをみる。CMがそこに収録されている。馬路村のテレビ CM はすべて村の住民が主役になっている。)

T　誰が出ていましたか。

S　村の子ども。

T　馬路村の CM やポスターは，全部村の人たちが出ています。

S　へぇー。

T　自分たちが出て，村のユズが売れて，村が有名になる。山のなかの過疎の村だってやれる。という自信が生まれますね。

③　村のくらし（省略）

3　地域をつくる人の姿が見える社会科地理を

地域の特徴は，馬路村の特産物がユズ製品と一言で片づけることもできる。従来の地誌はそうであった。しかし，それでは地域の特徴をつくった人間の活動がわからない。それでは主権者にふさわしい国民的教養としての地誌とはいえない。人間が地域でどのように生き，どのように地域をつくってきたことがわかってこそ人間が出てくる地理が成り立つ。

もうひとつ，この授業で大切にしたことは，授業のなかで発見することである。ユズによる村おこし，ごっくん馬路村の売り出し方，そして周りが過疎なのに，人口減少が少ない理由などを，子どもたちと一緒に資料を読み解くなかでみつけだしていく。このような新たな発見が，地理の授業のおもしろさである。

この授業を通して，国家の政策としての過疎という問題がわかり，国家政策と対峙してそれを克服する視点も得ることができた。このような事例は数少ないかもしれないが，このような住民主体の地域づくりを取り上げることにより，地域に生きる人間としてのあり方を考えさせてくれるし，地域形成の本来の姿がわかる（大谷・春名，前掲書にその事例の一覧を示している）。

第９章　野外調査を重視した「身近な地域」の学習

日原高志

1　フィールドに出る地理学習を

「僕ら人間について，大地が万巻の書より多くを教える」とはサンテグジュペリの『人間の土地』の冒頭であり，筆者の地理学徒・地理教員としての座右の銘である。サンテグジュペリは名著『星の王子さま』のなかで地理学者を，自らは権威に溺れて現地に出ないで，現地を見てきた探険家の学歴・出自等の「人間の品定め」をしている職業として描き，痛烈に批判している。社会科教員としての地理教員も，権威ある二次資料のみを教材源とする授業に終始していてはいけない。服務管理が強化され自主研修が困難な状況にあっても，機会を見いだしてフィールドに出て，「自らの五感で感じたモノ」を教材化する姿勢を失ってはならない。幸い，近年の学習指導要領高校地理では，「身近な地域」のスケールの地域調査の実施が位置づけられている。この単元を積極的に発展させることにより，フィールドに出る地理学習を充実させたい。

身近な地域の調査は，読図，作図，観察，聞き取り，プレゼンテーション，報告書作成など多くの地理的技能を鍛える場となる。中心となる野外調査は単元における位置と実施形態によって，見学重視か，調査重視（データ収集等）かで実施される。

本稿では東京低地に立地する東京都立墨田工業高校における実践を報告する。生徒の大半は「０ｍ地帯」に居住しており，通年にわたりさまざまな単元で扱っている「防災教育」を充実する観点から見学中心の調査を実施したものである。

2　0m地帯を歩く

この実践は第１学期期末試験後，夏季休業までの補習期間に午前中を利用して特設的に実施したもので，教室での１時間の事前授業と約90分の学校周辺の見学中心の野外調査を組み合わせたものである（日原 2003, 2004）。

まず，写真9.1, 2の２枚のスライドを見せて，その違いを答えさせる。写真9.1は実践校の最寄駅（生徒の８割が利用）である都営地下鉄新宿線菊川駅である。写真9.2は同じ都営地下鉄新宿線の新宿三丁目駅である。S「菊川は頑丈な造りで，新宿三丁目は簡単な造り。」S「菊川は道路から直角に曲がって下りていくが，新宿三丁目は道路に平行に階段がついている」などの答えとともに，「新宿三丁目はすぐに地下に下りられるのに，菊川駅ははじめに上り階段がついていて一度のぼってから下りている」ことに多くの生徒が気づく。

T「どうして地下に下りるのに，一度のぼるのだろう？」と問いかける。生徒の多くは東京低地に居住しているのでS「地盤が低いから，水害対策ではないか？」という答えがあがる。再度，写真9.1をよく見ると，頑丈な構造のなかに上り階段があたかも土手か堤防のようについており，こちら側からの洪水が地下鉄内に流入するのを阻止しているように見える。

T「どうして新宿三丁目は，一度上っていないのだろう？」との問いに生徒

写真 9.1　都営地下鉄新宿線菊川駅

写真 9.2　都営地下鉄新宿線新宿三丁目駅

の多くはS「標高が高いのではないか？」と気づく。そこで1/5万地形図で調べさせると，菊川駅の標高は約2ｍ弱，新宿三丁目駅は35ｍより高いところにあることがわかる。

T「学校周辺の東京低地には，地盤沈下という公害によってつくられた，海より低い土地「0ｍ地帯」があることは小中学校で習ってきたね。この2枚の写真から「0ｍ地帯では，地下鉄に乗るのに一度のぼらなければならない」という仮説が立てられるね。では，その仮説を検証するために，①都営地下鉄の1日乗車券と② 1/5万地形図を用いて，どのような調査を計画したらいいだろうか？」と調査方法を考えさせる。すると，生徒は，東京を東西に横断する都営地下鉄新宿線が標高30ｍ以上の武蔵野台地から東京低地に下りてくることに気づき，S「仮説が正しいとしたら，標高の高いところにある駅の入口は新宿三丁目型（すぐに地下に下りるタイプ）で，標高の低いところの駅は菊川型（一度上ってから下りるタイプ）になると思うから，一日乗車券ですべての駅の構造を見て，地形図で標高を調べればいい」という方法を導く。

そこで，都営地下鉄新宿線に沿った地形断面図をつくらせる。断面図がつくりやすいように，等高線と路線を抜き出した資料を配布する。断面図に駅名を記入させる。次に，事前に撮影してきた新宿駅から本八幡駅までの都営新宿線の全駅の入口のスライドを見せて，菊川型なら駅名を○で囲む作業を行う。結果を図9.1に示す。この図から仮説は証明されることが明らかである。

T「このような明瞭な結果が得られたので，地下鉄に問い合わせたところ，建設史の資料をもらうことができた。それによれば，江東地区内では水防対策

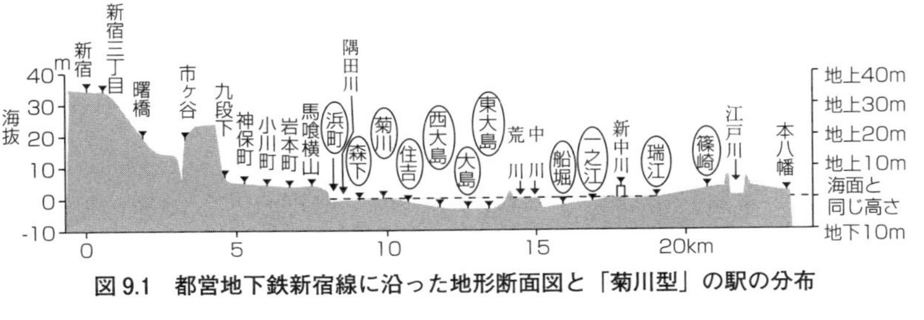

図 9.1　都営地下鉄新宿線に沿った地形断面図と「菊川型」の駅の分布

として東京湾平均海面 +1.0m までは階段を設置していることがわかった。また，その資料によると，階段を上った位置に合成ゴムのパッキン付きの防水扉があるとされている。もう一度菊川駅のスライド（写真 9.1）を見てみよう。これだね。さっきは気づかなかった。注意深く景観を観察することが重要だ。」

T「「僕ら人間について，大地が万巻の書より多くを教える」というのは『星の王子さま』の著者サンテグジュペリの言葉だ。注意深く地域を観察して，そこから多くを学ぶことが地理学習の醍醐味といえる。これから学校の外に出て歩くけど，よく観察して多くのことを読み取っていこう。」

スライドを用いた作業を動機づけに，1/1 万の地形図をルートマップとして，０m の等高線をなぞらせてから，主たる見学地点を確認する。徒歩での調査には 1/5 万の縮尺では利用しにくいことを理解させ，地図のスケールは用途に応じて最適なものを用いる重要性を理解させる。

野外調査での注意事項を周知して，いよいよ校外に出かける。野外調査は高温の夏季であることを考慮して，生徒の体力や集中力から 90 分程度でコースの選定を行った。本調査は９月の防災の日に因んで実施する防災教育の一環であり，その単元における位置は導入部分にあたるので，０地帯に興味をもたせることを主たる目的とした。必修科目で 200 名の参加する調査（１回に１クラス 40 名を教員１名で引率）なので，必然的に見学・観察が中心となる。途中に地下鉄（冷房車）で移動することで暑さをしのぐよう工夫をした。

ルートを図 9.2 に示す。主な見学箇所と指導のポイントは以下の通りである。

①　本校脇の小名木川：この辺は標高 1.5m なので，堤防がなく水面は地面

図 9.2　野外調査のルート（基図は 1/2.5 万東京首部）

より低いことを確認する（写真 9.3）。

②　扇橋閘門（写真 9.4）：ここから東の０ｍ地帯側は水位を２ｍほど下げてあり，この閘門で川の水位の段差が確認できる。運よく船の通行とぶつかるとパナマ運河と同様の閘門の運転が見学できる。

③　区立東川小学校：校門脇に区が設置した水害時の浸水を示す水準標識がある。ここで大正６年高潮の際の浸水に注目させる。ここでは生徒の身長位の浸水であることを確認する。この高さの浸水がきたら，どう避難するか考えさせる。

写真 9.3　①地点・標高 1.5 m付近の小名木川
水面より地盤が高い

写真 9.5　⑤地点・第五大島小学校水準標識
③地点では生徒の身長程度だった大正六年津波（高潮）の浸水位置が防球ネット最上部にある。

写真 9.4　②地点・扇橋閘門
扉の向こうの０ｍ地帯側では水位が２ｍほど低い。

写真 9.6　⑥地点・標高－2.0 m付近の小名木川
剃刀堤防で水面は見えない。現在は親水化で堤防の一部が低くなっている。

（出典：日原高志「０ｍ地帯を歩く」『地理』49 巻５号より）

④　都営地下鉄新宿線住吉駅入口：事前授業で学習した「菊川型」になっていることを確認し，数段の上り階段と防水扉を見学する。地下鉄で東大島駅へ移動する。東大島駅でトイレ休憩をとる。

⑤　区立第五大島小学校：東川小学校同様に設置されている水準標識（写真9.5）を見学する。大正６年高潮の浸水位置が校庭の防球ネットの最上部になっている。地下鉄で６分の移動の間に標高が数m低くなっている。生徒たちは驚き喚声をあげる。この地域から自転車通学している生徒は「学校に向けて，こんなに標高が変わっているなんて自転車では気づかなかった」と感想をもらす。

⑥　標高海面下２m付近の小名木川（写真9.6）：学校周辺と異なり高さ2.5mの「剃刀堤防」で水面が見えない（2004年に親水化で堤防の一部が低くなった）。

⑦　小名木川排水機場と荒川：扇橋閘門から東側の水位を低く保つための排水機場の１つを見学する。周辺の地盤より明らかに高いところを流れる巨大な荒川を見ながら０m地帯の危うさを考えさせる。

野外見学でどのように０m地帯を実感させるかを考えて，大正６年高潮と小名木川の堤防を指標とした。これらの見学で３キロ弱の移動で地盤が急激に低くなったことが実感され，生徒は興味をもち，驚きの喚声をあげていた。

3　野外調査を防災教育に活かす

この調査のあと夏休みに入るので，事後指導として，見学レポート，ルートマップ，自宅（または学校）付近の０m地帯的景観（盛土，太鼓橋，建物の抜け上がり，１階を吹き抜けにした建物等）を夏休みの宿題としてまとめさせた。

９月の最初の週は防災の日に因んで「地震と防災」を扱っている。０m地帯では地震水害は深刻なテーマである。ここでは地震防災を科学的に考えさせるために，まず，地形の階層性を理解させることに重点をおいている。

T「　学校周辺の地形は何か？」と問うと，野外調査の成果もあって「低地」「０m地帯」という答えが返ってくる。これは学校周辺を1/5万以上の縮尺で考えた解答である。地形学ではこのスケールを小地形・微地形といい，堆積と地盤沈下・盛土によりつくられたものである。しかし，学校周辺を1/20万で考えると，そこに見えるのは中地形スケールの地形であり，答は「関東平野」となり，その成因は関東造盆地運動（地殻変動）になる。さらに，学校周辺を1/1000万以下の縮尺で考えると大地形スケールのプレートの境界に連なる弧状列島（変動帯）であることがわかる。地震災害からの防災を考える場合，学校周辺の地形が，変動帯（大地形）であり，関東平野（中地形）であり，東京低地（小地形）であり，地盤沈下地帯（微地形）であるという階層的な理解が不可欠になる。地震は大地形が起こし，小地形・微地形が被害の大小を規定する。このように同一事象を異なるスケールを組み合わせて考える地理をMulti-scale geographyという。地理教育では，最適なスケールの地図を用いる場面と，異なるスケールの地図を組み合わせて用いる場面があることを理解させる。

防災を考えさせるために図9.3の自然災害の連鎖構造を用いている。この矢印をどこかで断ち切ることが防災である。誘因で断ち切るには，安定大陸に転居するという防災もある。自然素因では少しでも耐震性の地盤に居住する選択がある。しかし，未成年の生徒にはこのレベルでの防災対策は現時点ではできない（しかし，就職後は自らの検討課題であることを指摘する）。そこで，家具の据付，ガラスにスクリーンを張ること，枕元にスリッパを置いておくこと，防災用品の準備など，身の回りの防災が重要になる。さらに，日常から「助け合える地域社会」をつくっておくことが何よりの防災であることを指摘する。この活動は高校生でも十分に担っていける。防災への科学的で前向きな意識・態度を育成したい。

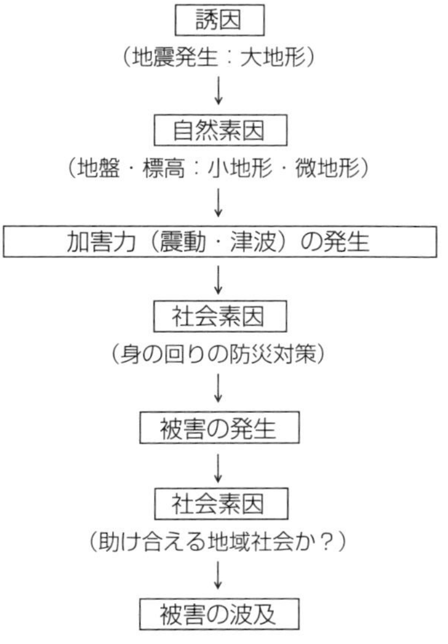

図9.3　自然災害の連鎖

本実践を含めて，これまでの勤務校で行った野外調査を表 9.1 に示す。いずれも実施後の生徒による授業評価は５点満点で４以上であり，生徒の満足度は高い。

実施にあたりとくに留意する点として，生徒の体力・集中力に見合った時間・徒歩の距離等の基本設計，訪問先との十分な事前打合せ，トイレ・水分補給等のためのコンビニ等の確認，調査地域の病院等の確認，必要があれば警察への届出，事前の管理職からの許可（場合によっては教委への届出），保護者への実施要領周知と参加承諾書の集約，虫害（スズメバチ等）の心配な地域はできるだけ冬季にするなどが指摘できる。とくに見学中心の調査の場合，下見を重ねて，できるだけ展開のある，生徒が感動できるような調査ルートを策定することが教員の力量になろう。また，単元で最も効果的な位置で実施するとともに，年間計画のなかで調査前後の諸単元とのつながりを意識することが重要である。

表 9.1　都立墨田工業高校・都立高専における野外調査の実践例

テーマ	対象地域	学年	調査方法	備考
０ｍ地帯を歩く（防災・地盤沈下）	東京都江東区	高１必修	７月。１回 40 名。徒歩２km＋地下鉄。90 分。	本稿の調査
学校周辺の概観（地形・産業・都市・歴史）	東京都品川区	高１必修	５月。１回 40 名 徒歩２km。90 分。	入学直後の学校周辺地域の見学。時間割内（２時間連続授業）での実施。
江東区の０ｍ地帯（地形・防災・地盤沈下）	東京都江東区	高３選択	履修者６-20 名。６－９月。自転車で 90 分を数回。	１年次の見学（本稿）を発展させて，文化祭参加のビデオ『江東区の０ｍ地帯』作成（日原，1998）と連携した調査。
多摩ニュータウンの開発と環境（自然環境・開発・近郊酪農）	東京都町田市，八王子市	高３選択	12 月。１回 30 名程度。徒歩６km一部鉄道で移動。４時間。	虫害を避けて冬季に実施。多摩丘陵の自然環境，ニュータウン（改変），酪農・農業（共生）を見学する。
多摩川の山谷風観測（気候・地形・ヒートアイランド）	東京都青梅市	高３選択	８月。１班６名，各班２時間の定点気象観測。教員の夜間観測と併せて 24 時間。	夏季休業中に実施。小気候の観測（風向・風速・気温・湿度）による自然環境の理解を目的。
南下浦断層の調査（地形・防災）	神奈川県三浦市	高３選択	２月。１回 30 名。徒歩６km。４時間。	虫害を避けて冬季に実施。菊名川谷底での地形調査と断層地形の見学。

私の授業　　１時間目の講義

大野一夫

社会科の教職科目「地歴教育論」「公民科教育法」の受講者数は大学によっても異なるが，多い時には100名ほどになる。こうした場合は，どうしても講義型で行うことが一般的である。しかし，少なくとも「子どもがわかる授業づくり」「主体的に学ぶ授業づくり」を学生に獲得させることをめざすならば，講義型で進めてはいけないと考えている。そこで，たとえ受講者数が多くても，１時間目の講義では，次のような手立てで進めている。

１つは，受講者の実態調査を行うことである（調査用紙を配布）。その内容は，①中・高校での社会科の授業体験や出身都道府県を尋ねる。②日本や世界で今「関心をもっている出来事」をまとめる。③世界地図を描かせる（一定の時間を決め，それぞれのイメージでできるかぎり詳しく描かせる）。④日本のひとつの地方の都道府県名と県庁所在地を白地図に書かせる。この種の調査を行うことで，学生のこれまで受けてきた教育，関心，知識などをつかむことができる。大学といえども，まずは学生の実態をつかみ，そこから年間または半期の構想をつくることが求められている。一方的な講義型に閉じ込めてしまわないためには，この一歩がポイントになる。

２つ目は，年間または半期の科目のねらいとシラバスの解説である。シラバスの内容をもとに科目の受講を決めている学生は必ずしも多いとはいえない。時間割との兼ね合いから履修科目を決めているという実態があるので，どんな内容で進めていくかは提示するようにしている。

３つ目は，進め方と受講上の決まりである。とくに進め方では，主体的に学ぶことを要求し，講義を聞くだけの科目ではないことを徹底させている。そのポイントは次の２つである。①座席は固定とする。②グループ編成（４～６名）を行い，役割を決める（班長，集配，発表，質問係など）。これは受講生数の多少にかかわりなく行うようにしている。多ければ多いなりに少なければ少ないなりに工夫をする。講義型といえども，グループでの問題解決，話し合い，プレゼンテーションをふんだんに行うことが授業づくりの体験につながるからである。また，模擬授業づくりでは，受講生が多い場合はグループごとに実施することになるので，最初から意識させることをねらいとしている。さらに，仲間のコミュニケーション能力を高めておくことも重要だと考えている。いくつもの学部から受講している学生だけに，「この時間だけ」の人間関係で成り立つ科目の場合，相互のコミュニケーションの場をつくらないと，とても授業づくりの構想や指導案づくり，模擬授業は成功しない。そのためにもグループ編成は必要なことだと考えている。受講上の決まりでは，市民的マナーを身につけることを要求し，遅刻・欠席についても文書で報告することを伝えている。

４つ目は，科目の評価についてである。出席していれば単位を取得できると考えて履修する学生が多い。そこで，あらかじめ「どのように評価するか」を伝えている。毎回の講義で行うレポート，課題レポート，学習指導案，模擬授業，プレゼンテーションなどの平常点，試験，出席点（約30%）といった観点である。

１年間の講義後の学生の感想には，次のような意見が寄せられた。「初めは年間を通して欠席ができないなど厳しい科目だなと思いました。しかし，最初から授業づくりや教師論など，追求しやすい形で教えてくれたので，とても参考になりました」「模擬授業についてはかなり参考になりました。実際にやることで，先生の立場から物事を考えることができたし大変さがわかりました」などである。また，学生の授業評価で，「グループ学習取り組みは効果的だったか」との問いには約９割がプラスの評価，「講義通信の発行」と「模擬授業」についてはほぼ10割がプラスの評価であった。

１年間を通して講義型で聞くだけの科目ではないことを肌でつかむこと，そのためにも，１時間目の学生への動機づけは欠かせない。

社会科・地歴教育通信　14

千葉大 社会科・地歴教育論（大野）

2007年2月1日(木)

第14講は模擬授業を終えた反省と、「評価」「社会科の教師論」を取り上げました。みなさんの感想・意見には、個人的な体験などを含めたものがかなりありましたので、すべて匿名にして紹介することにしました。

●第14講…模擬授業の反省、評価、教師論…

❶ 模擬授業の反省から

「これから教育実習をする方が、この授業にはたくさんいると思います。模擬授業を通して、教育実習への心持ちは、楽しそうだな、大変そうだなと様々だったと思いますが、授業を受ける体験も出来たので実習の時に役立つと思います。…」

「先週、模擬授業を終えたが、周りから見て自分たちはどういうところが良く、どこが悪かったか気になっていたので、みんなの感想は真摯に受けとめたい。…」

「いつも何かを振り返ると悪かった点ばかり思いつくので良かった点を探すのがなかなか難しいものでした。が、良かった点は嬉しいものです。挙げれば挙げるだけ喜びが増していきます。少し釘を刺されても、それぐらいすぐ直せるだろうなんて思えるから不思議です。自分を評価することでわかった誉められる嬉しさを、他の人に接する時にもいつも念頭に置いておきたいと思いました。…」

「模擬授業を振り返って、準備段階では本当に形になるか不安だったが、班の仲間と時間をかけ懸命に話し合ったことで一つの特色ある授業ができたことに大きな喜びを感じた。今回のように、各授業を生徒の目線でとらえ様々な角度から教材研究をできるとよいと思う。…」

「家庭教師や塾講師の経験もなかったので、今回の模擬授業は新鮮で、非常に有意義だった。他の班の授業を見て、色々変えていきたい点があり、生かしていきたいと思う。…」

「他の班の反省を聞いて、色々なことに気がついた。声を大きく、板書を見やすくといった小さな工夫で授業がぐっとよくなっていくのだということがとてもよくわかった。」

「実際に模擬授業を行うことで、今日の授業で挙げられた課題・改善点等が実際にどれだけ重要かを認識できた。模擬授業前にもそれらには注意を払っていたのだが、それでもうまくいかなかったことを考えると、やはり授業は生徒のことをよく理解していないと行うことができないものだと思った。また、最近は模擬授業にばかり気を取られていたが、今日の授業を受けて、教師の仕事が授業を行うだけでないことを再認識することができた。」

－70－

「…他の班の感想では、特に２回目３回目に行った班が、それまでの問題点を生かして準備していたことが分かった。１回目にやった者としては悔しかった面もあるが、その姿勢は素晴らしいと思う。…」

「この講義を受けた初めの頃、模擬授業をやるのが不安でした。でも、実際にグループを組んでテーマを決めて、教材を探して、授業展開に試行錯誤して、すべてを終えた今、楽しかったなと心から思います。教材研究は本当に楽しかったです。こんな資料を作ってこんな授業展開をしたら生徒はどんな反応をするのかな？どう思うかな？完成させるのは大変でしたし、完成とは言えない出来でしたが、こんなにわくわくしながら社会科の授業を経験したのは初めてでした。4年生になったら教育実習があります。そのときにこの講義で学んだことを実践したいと思います。…」

「今日の授業を通じて思ったことは色々あったのですが、一つは“反省の大事さ”です。模擬授業の反省から授業は始まりましたが、やりっぱなしではなく、振り返って検討することで、良かった点、改善点を客観的に見ることができ、自らの中に定着して、その達成感も味わうことができました。先生の授業もずっと毎回の通信を通して前回へのコメント等きちんと“振り返り”があり、それによって気づくこと、他の意見を知ることができました。この“反省”や“前回やったことへのリアクション”を個人まかせにしないできちんと取り入れることは、自分が社会科の教師として授業をやる際に、自分に対しても必要なことだと思いました。しっかり振り返ることで次に新たなものに進めるという言葉に納得しました。」

☞コメント　模擬授業とその反省から、「教師はやりがいもあるけれど難しい職業だ」「実習への不安もある」など、先行きを心配する感想もありましたが、何事も失敗を恐れずに“食べてみてわかる味”を体験してほしいと思います。失敗がなければ成功も味わえないのではないかと思います。

❷ 評価、そして社会科の教師として…

「…ほめることが評価することになるというのは、本当にそうだと自分の経験からも言える。社会科の先生がほめてくれたから私はこの道に進んだのかもしれない。…」

「評価と評定の違いは、今まであまり考えたことがなく、今回初めて気づいた。自分の頃は相対評価だったので授業に凄く集中して取り組んでいた。…観点別評価についての研究がまだまだこれからだということだが、もっと子どもたちにも絶対評価の中身を知ってもらうことが必要だと思った。…」

「評価についてであるが、観点別評価、特に“関心・意欲・態度”は難しいと思った。自分が中学生の頃、成績表の“関心・意欲・態度”という欄を見て、先生は一体、私の何を見てこれを判断しているのだろうか、と疑問に思ったことがあった。人の関心など測れないのではないか、そう思っていた。しかし、社会事象に対する関心とすることで、様々な評価の仕方ができることを知り、納得した。しかし、他の項目と比べると一番評価しにくい項目であろうと思う。…」

「…教師も人間であるため、どの生徒にも同じように評価することが難しい。そのためにどういう評価を何でもって判断するのかそこを明確にしなければならない。また、評価ができるような授業内容にすることも必要になってくる。最後までぬかりない準備が大切だと痛感した。…」

－71－

各論(2)：歴史

第10章　モノ教材と「ものづくり」による日本史の授業

鳥塚義和

1　「麻から木綿へ──商品経済の発達」の授業づくり

何を（教育＝学習内容），どんなもので（教材），どのようにして（授業＝学習方法），生徒（学習者）が学ぶのか。この４要素を意識して私は授業づくりをしている。単元「麻から木綿へ─商品経済の発達」は，７時間の配当で授業を構想した。①木綿以前の事，②木綿─栽培から織りまで（教員の演示），③商品経済の発達，④〜⑦紡ぎ・織る（生徒の実習）。

この単元の学習内容は次の２つ。第１に，柳田国男が『木綿以前の事』で描いたように，庶民衣料の麻から木綿への変化は，民衆の生活文化史上における革命的出来事であったことである。第２に，永原慶二が指摘するように，木綿の導入はそれだけに留まらず，「連鎖的に商品経済を発展させ，経済社会のあり方そのものを大きく構造的に転換させたこと」(1)である。

教材には実物，モノ教材を多数用いる。原材料，生産物としての麻，木綿はもちろん，綿繰り器，綿弓，糸車（６台），かせ車，糸枠，整経台，高機（３台）など木綿の紡織に使う生産用具も用意する。綿花栽培に不可欠な金肥である干鰯，油かすと藍，紅花で染めた布も教室に持ち込む。

授業方法では，モノ教材の利点を最大限に生かし，生徒が自分の目で見て，手でさわって観察するという方法を重視する。さらに糸車で糸を紡ぎ，高機で布を織るという「ものづくり」の体験も取り入れる。モノ教材は，学習者の興味関心を引き出す。ものづくりの体験は後まで深く記憶に残る。すべての物を商品として購入することが当たり前の資本主義システムに慣れきった生徒たちにとって，生産の現場に立会い，原材料から生産物を自ら実際につくってみることは新鮮な体験となる。そして，江戸時代の農民の生産労働を追体験することを通じて，生徒は生産者の工夫や苦労を実感するだけではなく，生産者の視点から社会の仕組みを追究していく主体に育っていくだろう。

2　1時間の授業「木綿以前の事」

(1)　ねらい

麻と木綿の野良着を比較する。目で見て，手でふれて観察し，江戸時代の農民がどちらを高く評価したかを考えさせる。庶民衣料が麻から木綿に変化したことの必然性を体験的に実感をもって理解させる。

(2)　用意するモノと入手方法

プリント１枚。麻，麻糸，麻の野良着。綿花，綿糸，木綿の野良着。縞帳。野良着はネットオークションで購入した。綿花は栽培したもの。麻の繊維は，麻専門店で購入。麻にはA，木綿にはBと表記しておく。縞帳は松阪もめん手織りセンターから分けてもらった見本を貼りつけて自作した。

(3)　授業の展開

導入　麻と木綿の野良着

麻の野良着を着て教室に入る。わざと左前合わせにして着て，胸には「A」と書いたネームプレートをつける。「変なところがあります。指摘してください」。「下がズボン」「名札がおかしい」「顔が変」(大きなお世話だ) など視線が集まる。「ヒントは服の着方です」と言うと，左前に気がつく者が出てくる。「そう，和服は着ている人から見て右が手前で左を上に重ねるよね。」日本では奈良時代に中国にならって右前に統一されたことを説明。洋服はどうなっているかを聞いて，男女の違いを確認し，ヨーロッパではしだいに右前に固定化が進んだが，120年ほど前に女性が左前に変えられたことを紹介する。

「着方ひとつとっても，歴史や文化の背景があります。でも，今日君らに考えてほしいのは着方ではなくて，服の素材，繊維です。今はポリエステルなど化学繊維が多いけど，昔は自然の繊維を利用していました。こっちのＢは別の素材・繊維です」と説明しながら，木綿の野良着に着替える。「皆にこの２つを手にとって見てもらいます。そして，自分がつくって着るとしたらどちらがいいかを考えてもらいます」と問いかける。机をつけて，６つの班をつくらせる。

展開①　モノの観察

プリントを配布。「これから野良着をまわします。最初の方をＡ，後の方をＢとします。両方をよく観察して問いに答えてください。」１から９の問いを読み上げる。比較の観点はあらかじめ明示し，課題をはっきりさせておく。

	Ａ	Ｂ
１．何という繊維か。	麻	木綿
２．原材料はどんな植物のどの部分か。	茎	実
３．原材料から糸にするまでに，どんな作業が必要か。	刈り取る→水にさらす→皮をはぐ→裂いた繊維をより合わせる	タネをとりのぞく→糸に紡ぐ
４．どちらが糸にするまでに手間がかかり，作業がたいへんか。○をつけよ。	○	
５．肌ざわり。どちらがやわらかいか。		○
６．保温性。どちらがあたたかいか。		○
７．どちらが丈夫か。	○	
８．どちらが色に染めやすいか。		○
９．どちらが日本で古くから使われていたのか。	○	

「Ａの原材料はこれです」と言って麻の繊維を，「それを紡いで糸にしたのがこれ」と言って麻糸を，同様に綿花，綿糸も全員に提示する。麻の繊維と麻糸（Ａと書いた名札をつけておく），綿花と綿糸（Ｂの名札）を各班に配布する。麻の野良着と木綿の野良着は各班に順番にまわす。

「手にとって，さわって，よく観察してください。野良着は着てみてもいいよ。」実際に手にとって，観察させる。おもしろがって服を着てポーズをとる者もいる。各班をまわって，質問項目を確認したり，表への記入をうながしたりする。

展開②　観察結果の発表

発表に移る。「では，調べた結果を発表してもらいます。」モノを示しながら，「1．繊維は何か。1班」と問う。「Aは麻，Bは木綿」と答える。「間違っていたら，赤ペンで正解を記入してください。」次に植物としての麻と綿花の写真を提示しながら，「2．原材料はどんな植物のどの部分か。2班。」「Aは麻の茎からとる。Bは綿の実から。」綿の実がはじけたものを見せる。「3．原材料から糸にするまでに，どんな作業が必要か。3班。」麻糸，綿糸それぞれをつくる作業手順を生徒の答えを引き出しながら説明していく。綿のタネをとる「綿繰り器」を見せ，道具の利用で能率があがったことも紹介する。以下問いの9まで，順に指名して答えさせ，黒板の表に正解を書きこんでいく。

「問2，君が江戸時代の農民だったら，AとBのどちらをつくるか。理由をあげて，結論を出してください。」少し時間をとる。まわって，答えを確認しながら，数名に発表させる。Bの木綿を選ぶ者が多く，「麻よりも手間がかからなくて，あたたかいから」「やわらかくて着ごこちがよくて，うごきやすい」など，機能面の利便性をあげるものが多かったが，「色に染めやすいので，いろんな種類の衣服が作れると思う。女性にとっては，おしゃれに気をつかう人がいたのでは」と書いた者もいた。一方，丈夫で長持ち，作業着には向いていることを理由にしてAの麻をあげる者もいる。

AとB，どちらを選んだか，挙手をさせる。圧倒的にBの木綿が多く，Aの麻を選んだのは，どのクラスでも1，2名であった。

展開③　柳田国男『木綿以前の事』

「実は麻と木綿を比較して，どちらがすぐれているか，その答えを出した学者がいる。民衆の生活を研究した柳田国男という人です。この布佐にもゆかりの深い人で，利根川の向こうの布川に10代の頃住んでいたことがある。お兄さんの松岡鼎さんは医者で，この布佐の町で開業していました。」そこで柳田の『木綿以前の事』という文章(2)を読んでもらうことにして，指名し，読ませる。

> 木綿の若い人たちに好ましかった点は，新たに流行して来たものというほかに，なお少なくとも二つはあった。第一には肌ざわり，野山に働く男女にとっては，絹は物遠くかつあまりにも滑らかでややつめたい。柔らかさと摩擦の快さは，寧ろ木綿の方が優っていた。第二には色々の染めが容易なこと，これは今までは絹階級の特典かと思っていたのに，木綿も我々の好み次第に，どんな派手な色模様にでも染まった。
>
> そうしていよいよ棉種の第二回の輸入が，十分に普及の効を奏したとなると，作業はかえって麻よりも遥かに簡単で，わずかの変更をもってこれを家々の手機で織り出すことができた。そのために政府が欲すると否とに頓着なく，伊勢でも大和河内でも，瀬戸内海の沿岸でも，広々とした平地が棉田になり，棉の実の桃が吹く頃には，急に月夜が美しくなったような気がした。（略）そうして村里には染屋が増加し，家々には縞帳と名づけて，競うて珍しい縞柄の見本を集め（略）
>
> 木綿の衣服が作り出す女たちの輪郭は，絹とも麻ともまたちがった特徴があった。全体に伸び縮みが自由になり，身のこなしが以前よりは明らかに外に現われた。（略）今まで眼で見るだけのものと思っていた紅や緑や紫が，天然から近よって来て各人の身に属するものとなった。心の動きはすぐに形にあらわれて，歌うても泣いても人は昔より一段と美しくなった。

段落ごとに区切って説明を加える。「縞帳」は，実物を示して説明する。

まとめ

「最後に，今日の授業を通じて，感じたこと，考えたこと，疑問に思ったことを記入してプリントを提出してください」と指示する。回収して，終了。

3 「ものづくり」の授業──理論と方法

(1) 「紡ぎ，織る」授業の実践史

戦後初期社会科の時期，1947（昭和22）年版「学習指導要領（試案）」の４年の「学習活動の例」に「老人をよんで織機の使い方を習う」ことがあげられている。「小３ー着物」の実践(3)で，綿と麻の糸づくりを取り入れた今井誉次郎は，「物は人間の労働によって生産されたものである。物を手にすれば，その

背後の生産力と生産の社会的な関係へと指導することができる。つまり，物を見，物を手にし，物事を経験することが，社会科の出発点である」[4]と述べた。

「ものづくり」の授業を本格的に開発したのは，「社会科の授業を創る会」(1973年設立）である。白井春男がテキスト『人間の歴史』をまとめ，小学教師の久津見宣子が授業実践に取り組んだ[5]。久津見は1967年に6年生の授業で「立ち往生」を体験し，そのときはじめて織機をつくって教室に持ち込んだ。以後，川上泉や飯嶋良美らによって，糸車，ジェニー紡績機，地機，高機，飛び杼つき織機，力織機などの教具が自作され，教具博物館まで開設された。「ものづくり」の授業は実践的にも理論的にも深められた[6]。

木綿を紡ぎ，織ることを取り入れた歴史の授業は，大学の研究者にも注目され，授業の実践者と共同で新しい授業プランが開発された。世界史では，「産業革命」を取り上げた西口二朗・藤岡信勝の実践[7]，日本史では，「河内木綿」を取り上げた笠間浩幸・森脇建夫の実践[8]がある。

(2) 教材の「典型性」と「具体性」

木綿が取り上げられるのは，まず何よりも歴史の教材として「典型性」を備えているからである。白井は，紡錘車→糸車→ジェニー紡績機，地機→高機→力織機という生産用具の「キール」を示し，これらを使って「ものづくり」を体験させることの意義について，「衣料・衣服を典型にすると，……ものづくりと社会との関連は，大変とらえやすく，子どもたちにとって絶好の入門学習といえるでしょう」[9]と述べた。板倉聖宣は授業書『世界史入門』をつくり，教材として木綿を取り上げることについて，「これこそ世界の歴史を見るのにもっともいい視点だ」[10]と指摘した。

木綿が教材としてすぐれているのは，「典型性」とともに，学習者が五官や思考力を用いて分析・操作・総合することができるような「具体性」を備えているからである。本時の授業では，野良着に触ることが決定的に重要である。

歴史教育においてモノ教材を教室に持ち込むことは，古くから行われていたが，その有効性や重要性が論じられるようになり，教材の入手方法や利用法を

紹介する教育書が次々に出版されたのは，1980年代以降である。それは，板書事項をノートに写す，プリントに載せられた文字資料を読みとるなどの従来の講義式知識伝達型授業はもはや限界に達していることが，全国の多くの教室で意識されるようになったからである。

私も教員になりたてのころ，生徒のおしゃべりや居眠りに直面して悩んだ。そのときにモノ教材を教室に持ち込むことを始め，1984年にはじめて「社会科の授業を創る会」の合宿研究会に参加した。その年の夏休みにはじめて高機を自作して以来，少しずつ自作の教具を増やして授業を改革してきた(11)。

(3)　生徒の感想から

「たくさんの資料を見て，触って，実際に昔の時代の人がどのようにすごしていたか，想像できた。江戸時代に生きていたら，絶対に木綿をつくる」「昔は麻しかなかった時，寒い冬は病気になる事が多かったのだろうか？　木綿の着物は人々に人気だったと思う。私がその時代の人だったら，麻よりも木綿の服を選んだと思う」など，当時の民衆の立場に身を置いて考え，麻から木綿への変化の必然性を内在的に理解したことがわかる。

手仕事の技術に驚いたという感想も多い。「服ひとつ作るにしても，凄く大変だと思った」「はじめに麻の茎で糸を作ろうと思った人はすごいと思う。糸一つでもいろいろな歴史があるんだなと思った」。現在の自らの生活と比較して，「金で服を買える今の時代はいいな」と言う者もいれば，「文化はすごいと思った。そして，昔の人は頭がいい！　今は機械にたよってばっかりで，何が何からできているかもわからない状態が何か悲しく思えた」と書く者もいた。

注

（1）　永原慶二『苧麻・絹・木綿の社会史』吉川弘文館，2004年，345頁。
（2）　柳田国男『木綿以前の事』岩波文庫，1979年，13-14頁。
（3）　今井誉次郎『まいにちの社会科記録』牧書店，1951年を参照。
（4）　今井誉次郎「講座・新しい実践のために―社会科指導案―」『教育』No.3，1952年1月，83頁。
（5）　白井春男・久津見宣子『ものをつくることと授業』日本書籍，1985年を参照
（6）　川上泉「ものをつくる授業―10年の軌跡と課題―」『授業を創る』10号，1983年など機関誌『授業を創る』1980年4月～に実践記録が掲載されている。
（7）　西口二朗「中学校『産業革命』の授業を中心に―楽しく，わかる授業をめざして」『社会科教育』No.158，1977年3月，明治図書を参照。
（8）　笠間浩幸・森脇建夫『河内木綿の授業―大東市泉小学校における実験授業の記録―』私家版，1986年を参照。
（9）　白井春男「ものづくりから社会認識へ」『授業を創る』2巻10号，1986年，10頁。
（10）　板倉聖宣「授業書〈世界史入門〉」『たのしい授業』No.31，1985年10月，86頁。
（11）　鳥塚義和『15年戦争教材発掘あれこれ』日本書籍，1999年，5-12頁を参照。

第 11 章　歴史の見方・考え方を育てる世界史の授業
──世界最初の奴隷解放革命・ハイチ革命を扱って

米山宏史

1　授業のねらいと意図

フランス革命とナポレオン戦争がヨーロッパ諸国に衝撃と混乱をもたらした 18 世紀末から 19 世紀初頭，カリブ海でも世界史を揺るがす巨大な地殻変動ともいうべき事件が展開していた。それは，1791 年のカリブ海のフランス領サン・ドマング植民地における黒人奴隷の蜂起に始まり，10 数年間の苦闘の結果，1804 年のハイチ共和国の成立に結実したハイチ革命である。

ハイチ革命の教材化は，過酷な奴隷制支配のもとで，その奪われた人間性と尊厳の回復をめざして闘った奴隷たちの解放闘争の意義を学ぶとともに，大西洋をはさんで同時展開したハイチ革命とフランス革命の相互関係を考察することによって「大西洋革命」の内実を理解することでもある。アメリカ合衆国の奴隷解放宣言に先だつこと半世紀以上，ハイチの奴隷たちの苦難に満ちた解放闘争の事実とその意義について，当時の国際関係を視野に入れ，音楽教材や絵画史料を用いながら，生徒たちとともに，より深く学んでみたい。

写真 11.1

さて，このような授業のねらいと意図を果たすためには，以下の点が授業づくりのポイントになる。①フランスの植民地貿易における世界最大の砂糖生産地＝仏領サン・ドマングの重要性（その背景にコーヒー・紅茶の普及にともなうヨーロッパの「生活革命」がある）について理解すること，②奴隷貿易の悲惨な事実について知ること，③奴隷制プランテーションにおける奴隷の過酷な労働実態を学ぶこと，④奴隷の抵抗のさまざまな方法・形態について知ること，⑤史料を読み解き，黒人奴隷蜂起の発生・展開の過程を理解すること，⑥ハイチ革命とフランス革命の相互関係，列国（イギリス・スペイン）の介入など，ハイチ革命を当時の国際関係のなかに位置づけて把握すること。

私は「ハイチ革命」の授業を２時間の実践として行っている。以下，授業の核心にあたる２時間目の授業を中心に述べる。

2　「ハイチ革命」の授業実践

(1)　１時間目の授業の概要

１．授業の導入

授業の導入として，カリブ海域への興味を誘う目的で，音楽教材としてのレゲエ（『音の世界史』山川出版社のCD所収）を聴かせ，次に，ハイチの国旗を見せ，色や図柄の意味を説明し，さらに，地図でハイチの位置を確認させる。

２．授業の展開

１時間目の授業では，前述の授業づくりのポイントの①〜④を扱う。

①　フランスの植民地貿易におけるサン・ドマングの位置について理解する

図説資料集の「コーヒーの文化」の欄を用いて，ヨーロッパにおけるコーヒー，紅茶の流行と砂糖の需要の急増，その結果，18世紀末には，フランス領サン・ドマングが世界最大の砂糖生産地になったこと，さらに，表11.1から，

表11.1　フランス領サン・ドマング島（ハイチ）からの輸出量の推移

（単位：千リーヴル）

年次	砂　糖	コーヒー	綿　花	インディゴ
1765	84,288	11,455	2,317	2,003
1788	164,405	68,151	6,286	930
1795	1,750	2,228	48	5
1800	16,814	27,744	2,342	2
1801	18,534	43,220	2,480	1
1802	53,400	34,730	4,050	38
1804	47,600	31,000	3,000	35

（出典：浜忠雄『カリブからの問い―ハイチ革命と近代世界―』岩波書店，2003年）

フランス革命勃発前年の1788年には，サン・ドマングの砂糖とコーヒーの輸出量が最大に達していたという事実に注目させる。

②　奴隷貿易の悲惨な事実について知る

浜忠雄『カリブからの問い』(岩波書店) の一節を朗読し，「中間航路」と呼ばれる大西洋黒人奴隷貿易の悲惨さ (輸送された奴隷総数は1200万～1500万人，途中での死亡率15～16%，さまざまな死因と生涯に残る肉体的精神的ダメージ) を説明し，その惨状をイメージさせる。

③　奴隷制プランテーションにおける奴隷の過酷な労働実態を学ぶ

川北稔『砂糖の世界史』(岩波ジュニア新書) 掲載の絵画資料を用いて，砂糖キビの植え付け，刈り入れ，砂糖キビの圧搾，砂糖キビのジュースの煮詰め，蒸留と結晶づくり，港での船積みという奴隷の６つの労働場面を説明し，これらの資料から，プランテーションでの労働が集団的・組織的・協同的性格をもち，(のちに奴隷蜂起の指導者となる) コマンドゥールと呼ばれる奴隷監督がおかれていたことを読み取らせる。

④　奴隷の抵抗のさまざまな方法・形態について知る

奴隷たちは最初から蜂起・反乱をおこした訳ではない。奴隷たちの抵抗には，サボタージュ，農具の破壊，自傷・自殺，相互絞殺，逃亡などの隠然たる階級闘争から蜂起・反乱などの公然たる階級闘争まで，さまざまな抵抗方法と段階があったこと，蜂起・反乱が命がけの究極の闘争形態であったことを説明する。

(2)　２時間目の授業

１．授業の展開

ここでは，授業づくりのポイント⑤～⑥を扱い，革命の全体像を理解させる。

⑤　史料を読み解き，黒人奴隷蜂起の発生・展開の過程を理解する

まず図7.1の絵画資料を生徒に提示し，「この絵は何の絵だろうか？」「絵には何が描かれているだろうか？」と発問する。すると「暗闇の中で踊る人々」「何か怪しい宗教の儀式では？」という回答が返ってくる。そこで，この絵には，森のなかの広場に深夜集まった奴隷たちが焚き火を囲み，生贄の黒豚を捧げ，

図 11.1 「カイマン森の儀式」
（アンドレ・ノルミル画，1990 年）
（出典：浜忠雄『カリブからの問い―ハイチ革命と近代世界―』岩波書店，2003 年）

中央の導師と女神官に合わせて踊っている様子が描かれていることを説明し，これが黒人奴隷たちの精神的紐帯であるヴードゥーの儀式であり，黒人奴隷の一斉蜂起を誓った準備集会（1791 年 8 月 14 日開催）であることを伝える。

次に，史料『サン・ドマングの騒擾に関する報告』（浜，前掲書掲載のフランス国民公会が現地調査のために派遣したガラン・クーロンが書いた同時代記録）の一節を読ませ，生徒たちが行間から読み取った事実を発表させる。生徒たちは，奴隷の逃亡の様子，管理人・製糖工場主の殺害，農園への放火，奴隷を寛容に処遇していた白人への恩赦，蜂起者数が 1.2 万人～ 1.5 万人だったこと，奴隷が用いた武器の種類，北部では 200 の砂糖園と 600 のコーヒー園が破壊されたことなどを次々に答える。ここは，授業の山場のひとつで，生徒たち自身が臨場感を覚えながら史料から蜂起の実像を読み取り，蜂起の事実を実感的に理解し，読み取った答えを発表する場面である。

⑥　ハイチ革命を国際関係のなかに位置づけて把握する

２時間目の後半部では，黒人奴隷蜂起とフランス革命の関係，スペイン・イ

図 11.2　「黒人の友の会」のメダイヨン
（出典：図 11.1 に同じ）

ギリスのサン・ドマング侵攻，指導者トゥサン・ルベルチュールの登場，ナポレオンとの対決など，ハイチの独立にいたる複雑な過程を追求する。

はじめに図 11.2 のメダイヨンを見せ，「これは何が描かれていると思う？」と問いかける。数人に答えさせたあと，図柄には，両手を鎖につながれた黒人が何かを嘆願する様子が描かれ，「私はあなたの同胞ではないのでしょうか？」という文字が刻まれていることを伝える。引きつづき，プリント資料（浜，前掲書の抜粋）を読ませ，このメダイヨンが 1788 年創立のフランスの「黒人の友の会」のシンボルマークであり，フランス革命期に黒人奴隷貿易の廃止運動に取り組んでいた団体が存在していたことを理解させる。

引きつづき，プリント資料をさらに読み進め，1793 年春のスペイン軍，イギリス軍のサン・ドマング侵攻，これへの対応策として黒人奴隷を対イギリス・スペン戦争の兵士として利用するため政府代表委員ソントナクスらが行ったサン・ドマングの黒人奴隷解放宣言（93 年 8 月），これを受けて，フランス国民公会での黒人奴隷制度廃止決議（94 年 2 月 4 日）という一連の動きを確認していく。生徒たちは，黒人奴隷蜂起の継続展開，スペイン，イギリスのサン・ドマング侵攻，フランス革命の変転（国民議会～立法議会～国民公会）という 3 者のダイナミックな関係のなかで，ついに 1794 年 2 月 4 日，黒人奴隷制度廃止宣言が決議されたという事実経過を正確に把握していく。また，ここではハイチ革命がフランス革命を根底から揺さぶり，フランス革命が提起した人権理念の普遍性を試す反射鏡の役割を果たしたことに着目させる。

そして，この間，卓越した軍事指導者としてイギリス軍，スペイン軍の撃破を通じてトゥサン・ルヴェルチュールが登場する。そこで，トゥサンの人となり，彼の行動に関する知識を得るため，さらにプリント資料の読み合わせを行う。その結果，軍事的功績によってトゥサンは1796年に「黒人のスパルタクス」と賛辞され，サン・ドマングの総督補佐官，1799年に総督兼軍司令官に任じられ，さらに1801年には終身総督になり，フランス領植民地サン・ドマング憲法を公布したことがわかる。生徒たちは，ハイチ革命の後半に出現したトゥサンという人物に興味を示し，また，その後の行方に期待を寄せる。

このあと，事実関係は紆余曲折の複雑なプロセスをたどる。トゥサンのサン・ドマング憲法公布は，事実上の独立宣言とみなされナポレオンの激怒を買い，ナポレオンは黒人奴隷制度廃止決議を破棄し，サン・ドマングに義弟ルクレルクを指揮官とする５万人のフランス軍を派遣する。その後，トゥサンは奸計によって捕らえられ，フランスに連行されたのち獄死するが，黒人たちの粘り強い抵抗と黄熱病の蔓延がフランス軍を壊滅させ，フランス軍を撤退に追い込む。

こうして1804年１月，トゥサンの後継総督デサリーヌがハイチの独立を宣言する。生徒たちはプリント資料を読みながら，トゥサン死後のハイチ革命の最終段階に，手に汗握る緊張感を覚えながら事実経過を追いかけていく。と同時に，ハイチというひとつの国家の建設の背後に，このような奴隷解放と独立のための長く苦しい二重の闘いが存在したことを共感的に理解する。

3　授業のまとめ

授業の最後に，図11.3を見せ，読み取れる内容を生徒に答えさせる。すると「左側の人物がフランス人，右側の人々が黒人たち」という回答が寄せられる。

より詳しく見ると，左側の人物は左手を広げ大きなポーズをとり，右側の人々は拍手して喜んでいる姿がわかる。これは，政府代表委員ソントナクスがサン・ドマングの黒人たちに奴隷解放を宣言した場面である。絵のモチーフは「近代文明国家」フランスが植民地サン・ドマングに奴隷解放という「恩恵」を与えたことを喧伝する目的，いわゆる「文明化の使命」を意図した作品であること，

図 11.3　フランス領植民地サン・ドマング島，別名ハイチ，1789 年
（出典：図 11.1 に同じ）

また，その背後にある植民地保有国の「帝国意識」について説明する。

授業のまとめとして，数人の生徒に指名し，授業の感想を発言させる。生徒たちは「人が人間らしさを取り戻すために命を懸けて闘うその力強さは本当に大きな力を持っていると思った」「黒人奴隷たちがお世話になった白人を殺さなかったなど人間らしい心を忘れなかったことが印象的だった」「フランス革命の思想がハイチ革命に影響を与えていたことが興味深かった」「史料の絵から様々なことを読みとることができ，それがどのような意図で描かれたのか知ることができた」など，思い思いに自分の言葉でさまざまな感想を発言する。

4　ハイチ革命をめぐる歴史教育論

Ⅰ.ウォーラーステインらの近代世界システム論やネットワーク論の影響を受けて，現行の「学習指導要領」(1999 年 3 月告示，2003 年度実施) の世界史Ｂの内容には，「(4)　諸地域世界の結合と変容」のなかに「ヨーロッパと大西洋世界」「ヨーロッパとアメリカの変革と国民形成」という大項目が設けられ，前者では大西洋 (黒人奴隷) 貿易が，後者では大西洋革命 (イギリスの産業化，アメリカ独立革命，フランス革命，ラテンアメリカ諸国の独立を相互連関的に把握する) の授業が志向された。

この流れに応じて，世界史教科書の扱いでは，大西洋貿易の記述は詳しさを増しているが，大西洋革命の一環であるハイチ革命の場合は，黒人奴隷の解放闘争に言及してはいるものの，その記述内容は簡潔すぎ，いまだ不十分である。

ハイチ革命に関する歴史教育論，授業実践記録は少ないが，中山義昭は早くも 1986 年の時点で，ハイチ革命の授業づくりを構想し，サン・ドマングの貿易上の位置，トゥサンと黒人奴隷の解放・独立闘争の経過など，授業の視点と詳細な学習内容を提示した。

また，松本通孝は，フランス革命史学習の再検討の観点からハイチ革命にふれ，サン・ドマングの貿易上の位置，黒人奴隷蜂起とフランス革命との相互関係，トゥサン指導の独立闘争などを授業内容として例示し，ハイチ独立の意義は白人中心の人権宣言の普遍化であると主張している。

このように，すでに，中山・松本らによって，ハイチ革命の授業づくりの重要な視点と学習内容が提起されているが，これらの提言を実際の授業に導入するためには授業方法の工夫が必要である。

そこで，本実践では，音楽教材，絵画史料（今回は浜，前掲書所収の作品 10 数点を使用。後代の作品もあるが，絵に込められた意味・メッセージの読解の点で史料として活用できる）・文字史料，貿易統計などさまざまな教材を用意し，生徒たちに諸史料の読解と発言・発表を行わせ，ハイチ革命の理解を試みた。

最後に，授業の成功のカギは，何を，また，なぜ，それを教えたいかという教師の明確な問題意識と，学習の主体である生徒の興味を喚起できる適切な教材内容，生徒の主体性を重視した授業方法，という３者の追究にあるといえよう。

第12章　討論学習で戦争を理解する
──チビチリガマとシムクガマ

小堀俊夫

1　なぜ戦争学習に討論を取り入れるか

(1)　21世紀は，「武力」か，「話し合い」か

21世紀は，いわゆる「9.11テロ」によって，いやおうなしに，20世紀を通して人類が積み上げてきた，次のような理念をどうするのかという課題を突きつけられたといえる。つまり「武力ではなく話し合いでもって問題を解決していくのであり，国家や個人は対等で平等である」という理念。そこでは平和は来ないような気さえした。21世紀の主人公である中学生も，「これから世の中はどうなっていくか」と問われて，たしかに60%は「悪くなっていく」と答え，「良くなっていく」は14%にすぎなかった。(2003年3月17～20日。中2・8クラス)。だが，「良くなっていく」と答えた子どもの理由をみると，そこには，「私たちががんばれば何とかなるから」「自分たちが世の中を変えるから」「今，いろんな国で戦争反対のデモ運動をしているから，戦争しなくなる」と，21世紀に対する楽観的そして行動的な見方があった。

子どもたちは，自分がこれから生きていく世界に対して，観客ではいられない，登場人物にならざるをえない，と考えているのでないだろうか。未来に対して悲観的でいたくない，ではどうすれば，平和を実現することができるかと考えているのではないか。また，世界をどう見るかを学びたい，学んでこれからまたは将来，自分はどうしていくのかのヒントを得たい，といった「学び」を求めているのではないかと思う。そのような中学生の願いに，教師は，展望と道すじを示していく必要があるのではないだろうか。

したがって，「アジア太平洋戦争」（および 15 年戦争）を学習するねらいは，そのような「戦争を繰り返さないためにはどうするか」を学ぶということである。自分たちがこれからどうしていくかについて，歴史や人間の知恵から学んでいくのである。

だが，アジア太平洋戦争を学ぶ「学習のねらい」はそうであるにしても，「学習の方法」については，戦争から 60 年を経た現在，以前のような，生徒もある程度「戦争」の同じイメージを共有していることを前提とした戦争学習はできない。社会からまた家庭で，今までのように，「アジア太平洋戦争」について機会あるごとに学ぶことが少なくなり，子どもたちの戦争認識は，具体性に欠け，内容も細いものとなっているからである。

社会学者の野上元は，次のように語っている。

> 「戦後 60 年以上たって，戦争体験者が社会からいなくなりつつある現在，私たちは，生の過去がよそよそしい歴史に変わりつつある瞬間に立ち会っているのだと思います。「戦争を理解する」ことを直ちに目指すのではなく，「戦争を理解するとはどういう条件によるものなのか？」というように，我々の課題は書き換えられると思います。」

戦争について，具体性のない，内容の細いイメージの子どもたちにとって，どうしたら「戦争を理解する」ことができるだろうか。

⑵　討論して，クラスの仲間とわかり合えた

私が「討論」というものを教育の目で見るようになったきっかけは，2003 年の米国のイラク攻撃だった。米国大統領が尊大にも，「48 時間猶予」と宣言し，世界がかたずをのんでいた時期，3 月 19 日。私は，通勤途上「やはり討論しよう」と決め，2 クラス合同の討論会を行った。中学 2 学年末の，最後の授業であるが，討論することにしたのは，イラク攻撃開始について，世界 1000 万人の，史上はじめて反戦デモで戦争を阻止しようという大きなうねりや，廊下を「戦争が始まった」と走り叫ぶ生徒が出現するような，中学生にも高い関心があったことが理由だったと思う。そのようにして行った「討論」である

が，子どもたちの「イラク戦争」への関心は，意見を書くでは止まらないと思われた。みんなの前でぜひ意見を言ってみたい，でも恥ずかしい。その葛藤を乗り越えてみたいというギラギラした気持ちがあちこちから私に伝わってきたのである。

ある生徒は，討論で意見を言えなかったことを，「自分の感想をあの場で言えなかったことが，今できる事をひとつ無駄にしてしまったんだと思いました」と悔やんだ。討論は生徒に行動を迫っていくと思う。今まで学んだ「知識」をもとに討論に参加していくが，そこでは，どんな「知識」かが問われる。討論は，生徒に「今までの学習は何のためだったか」と問いかけていくと思う。平和は与えられるものでなくつかみとるものだとすれば，平和学習では討論を通して，各自が意思決定の場をもつことができるのではないだろうか。

もうひとつ。討論を通して友だちとふれ合えるということについて。「討論会をして良かったですか」と聞くと，ほぼ全員が「良かった」「またやりたい」と言う。なぜだろうか。ひとつには，あまりに友だちとのつき合い方がへたで，表面的な関係しかつくれなくて，そのくせ仲良くしたいとも思っている子どもたち。それが討論会を通じて，友だちの真剣な意見を聞く。それが新鮮で，あらためて友との信頼感を感じるのではないだろうか。また，「みんなと一緒に学習している」という実感があり，友だちの意見を聞いて，自分を深めたり，自分の意見を深めたり，自分の意見に自信をもったり，勇気をもったりしていく。

「すごくよかったです。自分が今まで思っていなかったこととか，クラスのみんなの「平和な世界にしたい」という気持ちが，ちょっとでもお互い分かり合えた気がした。」

「一人で戦争のことを考えていました。今日の授業で，クラスに戦争のことを考えている仲間がいることが分かってうれしい。」

平和学習は集団的で，行動的でありたい。討論もまさにそうで，集団的であり，かつ行動的な要素をもっていると思う。発表するときの勇気は，思想と行動の一致を表していて，「考えるだけでなく，自分の考えを伝えなくてはいけない」とか,「今日は意見を言えなかったけれど,次回はぜったい言おう」という思い方は,平和学習ではとても大事なことではないだろうか。

2 「チビチリガマとシムクガマ」の授業

(1) チビチリガマとシムクガマについて

沖縄本島中部の読谷村(よみたんそん)。1945年4月1日,18万の米軍が上陸した地である。翌日,米軍上陸海岸からわずか1キロほどにあるチビチリガマでは,ガマに避難していた140人のうち,「集団自決」によって83人が死ぬという悲劇が起こった。

「4月1日米兵がやってきた。ガマの中にいた13歳以上の青年やおとなは竹槍を持って「やっつけろ」とガマを出たところ,機関銃でかんたんにやられ,二人が重傷を負った。米軍の通訳が「殺しはしないから,ここを出なさい」と呼びかけたが,米軍に捕まると「残虐な仕方で殺される」と信じ込んでいた人々は,ガマの奥へと逃げ込んでいった。翌二日「集団自決」がおこなわれた。ガマの途中のくびれたところに布団を重ね火をつけて「自決」を主導したのは,中国従軍の経験がある元兵士だった。彼は,「兵隊は捕虜にひどいことをするよ。だから自分で死んだ方がいいよ」と中国での日本軍の残虐行為を持ち出して,「自決」を促した。ついで,元従軍看護婦が,「軍人はほんとうに残虐な殺し方をするよ。うちは中国でさんざん見ているから,よく知っている」と言って,毒薬を親戚に注射して「自決」を始めた」(林博史『沖縄戦と民衆』大月書店)。

しかし,同じ読谷村で,まったく逆の光景の見られたガマもあった。それがシムクガマである。

「波平のシムク(下区)ガマには約千人が避難していた。4月1日に米兵がやってきて,「カマワン,デテキナサイ」と呼びかけた。警防団の少年らが竹槍を持って突撃しようとしたが,ハワイ帰りの比嘉平治さんとそのおじさんの平三さんの二人が,「竹槍を捨てろ」とやめさせた。そして外に出て米兵と交渉し,殺さないことを確認してから,ガマの人たちに投降

するように呼びかけた。約千人の人たちは投降して助かった。」（同上書）

この想像を絶する戦争の実相について，「なぜ子どもまで死んだのか」（知花昌一さん：NHK 特集「未来世を生きる～沖縄戦とチビチリガマ」より）また，「なぜ生きようと思ってガマに避難したのに死んだのか」（与那覇フミさん：同）との問いにどう答えるか。これは，なぜ死ななければならなかったのか，原因を追求してほしいという声である。戦争は人間らしい幸福や人間らしく生きることを否定するというが，それにしてもなぜと問いたいのである。

この「なぜ？」に答えるために，生還したシムクガマと対比して違いを考えようと，授業を構想した。「なぜチビチリガマでそんな悲劇がおこったのだろう？」と問うことは，言い換えれば，「なぜ日本は戦争をしたのか」「なぜ戦争を止められなかったのか」「なぜ人間らしい幸福や人間らしく生きることを否定したのだろうか」等の問いを追求することだと思う。

15 年戦争の学習のまとめとして，次のような「沖縄戦」の学習を計画した。そこでは，それまでのアジア太平洋戦争の学習で学んだことをもとにして，自分の意見を述べる討論学習を行うことにした。

⑵　沖縄戦・３時間の授業計画

【１時間目】２年前の３年生を送る会で行われた，劇『チビチリガマの悲劇』のビデオを見る。この劇は，生徒たちが１年生のときのもので，出演した生徒も幾人かいる。

【２時間目】ビデオ『ドキュメント沖縄戦』を見る。そのうえで，「なぜチビチリガマの悲劇は起こったのだろう」の題で，自分の意見を書いてもらう。

【３時間目】

①　上記の生徒の意見を５つに分類して，そのプリントを配布する。

②　あらためて自分はどの説を支持するかを考え，机を移動する。
作戦会議を行い，討論を開始する。

③　ただの一人も「集団自決」をしなかったシムクガマについて，ビデオ『未来世を生きる～沖縄戦とチビチリガマ～』で見て学ぶ。

④「シムクガマのように生き残るには，チビチリガマのような悲劇を起こさないためには，何が必要ですか？」と質問し，意見を書いてもらう。

(3) 討論「なぜチビチリガマでそんな悲劇が起こったのだろう？」

「なぜチビチリガマでそんな悲劇が起こったのだろう」との問いに，生徒の意見は次のように分かれた。

A：教育されていて死ぬのが当然説

B：お国のために今こそ死のう説

C：アメリカー（沖縄の人たちは「アメリカ人，米軍」の意で用いた）にひどいことをされる前に死のう説

D：非国民とか言われるのがイヤで死んだ説

E：あきらめと恐怖で死んだ説

プリントを一読して，あらためて自分の支持する意見の場所に机を移動し，作戦会議を行ったあと，討論が開始された。討論は，どこに対して言ってもよく，私は意見をひたすら黒板に書いていく。

B → A 「勝つためなら自決しないと思う」

B → E 「あきらめるよりも，日本のためというこっちの気持ちの方がつよい」

C → D 「自分がもし生きたかったら，他の人にどう言われようとしないだろう」

A → B 「今の事態が最後という事態であるなら，そしたらつかまらない，ほりょにならないってことは，小さい時から教えてもらっていた。そういう時期なのだと，今はたたかうというより，もう最後のときがきていると思ったんでは？」

A → D 「なぜ非国民と言われるのかと考えると，教育があったのでということです。やっぱり理由のもとはここにあるんじゃないか。おもてはそうかもしれないが，うしろには教育があるのではないか。」

E → C 「何をされるかわからないのに死ぬことはないと思う。」

C → B 「お国のために自決して死ぬなら，一人でも多くの米兵を殺した方がいい。」

C → B 「本当にお国のために死のうと思ったんだったら，年齢に関係なくアメリカ軍と戦ったと思うし，ガマの中で自決はしなかったと思う。」

B　「たたかいの前に死のうといって，それはちょっとおかしい。」

T（教師）「何でアメリカーはひどいことをすると，この人たちは思っていたんですか。このころの人は，アメリカーにきっとひどいことをされるよ，必ず殺されるよとみんな思っていたんですよね，なぜなんでしょう。劇でも，カマドが，『軍人というものは，それはひどい殺し方をするものよ』と言っていたが，どうしてそう思ったのか。」

A　「みんな小さいころからそう思っていた。やはり教育ではないか。」

A　「日本軍がやってたことが伝わっていたんじゃないか」

T　「たとえば鈴木良雄さんみたいなことがあったでしょう。人々は知っていたんだろうかね。もし知ってたら，アメリカーにひどいことをされるって思ってたでしょうかね。ガマの中はどんな状態だったの？」

E　「米兵がせまってきてね。ぜったいに勝てないとあきらめていた。」

T　「これからシムクガマというところのようすを見てもらいます。なぜ見てもらうかというと，シムクガマでは約千人の人が避難していた。シムクガマはけっこう広くて，そこに千人くらいの人が避難していて，ただの一人も自決をしなかった，そういうガマなんです。じゃ，どういうような所だとそういう集団自決はなかったのか。何が違うのか。そのへんをちょっと考えたいので，これから見たいと思います。」

3　生徒はシムクガマのように生き残るには何が必要と考えたか

討論のあと，シムクガマのことを紹介した。そして，「シムクガマのように生き残るには，チビチリガマのような悲劇を起こさないためには，何が必要ですか？」と質問した。すると，生徒は次のように答えた。

① 「お国」より「人の命」を大切にする。

写真 12.1

・平治さんの言った「大丈夫，命を大切にしようじゃないか」が大切だったのではないでしょうか。非国民がいたからこそ多くの命を救うことができたのではないでしょうか。

・シムクガマにいた，非国民と言われても気にせず，「お国」より「人の命」を大切にする人がチビチリガマにもいたら，こんなことにはならなかったと思う。

②　非国民（少数派）と言われても恐れず，自分の意見をはっきり言う。

・非国民とまわりの人に言われるのをおそれないで，自分の思っていることをはっきり言うことが大切だと思った。比嘉さんのように勇気をもって，「やめろ!!」とか「自決するという考えはまちがっている」とかいって，みんなをなっとくさせたから，シムクガマでは自決が起こんなかったと思う。政府の方針がどうとか，まわりの人が何をいおうと，自分の意志を自信をもっていうことが必要だったんだと思った。

・やっぱり人を信じることが必要だと思う。あと，お国のためとかの考えをすてたほうがいいと思いました。シムクガマのように，一人一人が意けんを言ったほうがいいと思いました。

③　今までの教育を疑える人。アメリカの人を信じることができる人。

・比嘉さんのように今まで教育されておしえられてきたことをうたがうような人がいなかったこと，アメリカ−ひどいことをするときめつけていたことなどが，チビチリガマの悲劇をまねいてしまったんじゃないかと思う。

生徒は明らかに，意見を書きながら，自分がどう生きるかについて考えていたのだと思う。「自分の意見を言おう」「仲間を信じよう」「外国人はこうだ，とか決めつけない」「教えられたことをうのみにしない」などと，まるで自分の学校についてのことのように意見を述べていった。

第 13 章　生徒同士の討論を導入した日本史の授業
──テーマ「貝塚の犬の謎を追え」

加藤公明

1　私の授業改革

もう 30 年も前のことだが，大学院で日本古代史を専攻していた私は修士論文を書き上げて，千葉県の公立高校の日本史の教師になった。顧問役を割りふられた剣道部の指導については多少の心配があったが，授業については，自分が高校時代に受けていた講義式の授業に新しい研究成果を加味していけば，どうにかなる程度にしか考えていなかった。そして，現にそのような授業をしていたのである。事前の講義ノートづくりに思っていた以上の労力が必要だったが，それも２年目以降は相当楽になったし，授業の進行もスムーズに行えるようになっていった。もう，自分は一人前の歴史教師，いつしかそんな気にもなっていた。しかし，それはとんでもない思い違いだったのである。

ひとりの教え子が訪ねてきた。彼は在学当時，私の授業を熱心に聞いてくれていた優秀な生徒だった。東洋史を学ぶために大学に進んだ彼を私は大いに期待していたのだが，４年ぶりに会った彼は私に，自分が今右翼団体に所属していることとともに，アジア太平洋戦争における日本軍の行動の正当性を蕩々（とうとう）と語るのである。

私の歴史教育はなんだったのだろうか。むろん，私は民主主義の大切さや日本軍の侵略性については熱心に説いたつもりでいた。しかし，それらは彼の生き方と思想になんの影響も与えられなかったのである。落胆のうちに私が気づいたことは，歴史の認識とはそもそも個性的，主体的に獲得されるものであって，教師からの教え込みによって身につくものではないということである。高校での歴史教育では講義式の授業が一般的だが，それでは，生徒は教師の歴史像を一方的に押しつけられる存在でしかない。歴史認識の主体性を無視された生徒たちにとって，そのような場が魅力ある学習の場，自己の成長を保証してくれる教育の機会になりえるはずがない。となれば，求められる歴史の授業は，なにより生徒に自分の歴史認識は自分でつくる主体性を回復させ，その認識や認識能力の向上をめざすものでなくてはならない。そのためには，授業を策定された教育内容を一方的に生徒に教えようとする伝達の場ではなく，生徒の知的好奇心を刺激して歴史を自由に考えようとさせる問題提起の場にしなければならないし，それぞれの考えを発表したり批判したりする討論の場でもなければならない。私の授業はそうして変わっていったのである。

2　討論授業「貝塚の犬の謎を追え」

(1)　教材の提示と問題提起

2003年6月12日(木)午後10時25分からのNHK教育テレビ「わくわく授業──わたしの教え方」で，私の縄文時代の授業「貝塚の犬の謎を追え」が放映された。本稿ではこの実践を題材に討論授業の実態を紹介したい。

まず，メインの教材としたのは次頁の1枚の写真である。千葉市の加曽利貝塚(主に縄文中期〜後期)で発見された犬の埋葬遺体である。貝塚といえばゴミ捨て場のイメージが強い。しかも，出土する動物(成獣)の骨はみな割られたり折られたりしてバラバラの状態である。完全遺体は人骨と写真のような犬のみである。当時加曽利貝塚周辺にはさまざまな動物がいたはずなのに，なぜ犬だけが貝塚から完全遺体で出土するのか。これは生徒ならずとも興味深い問題である。逆にいえば，そのような問題でなければ生徒は自分の頭で歴史を考えようとはしない。

〈問題提起〉

貝塚からは犬以外にもいろいろな動物の骨が出土する。ところが，それらはすべて頭蓋骨なら頭蓋骨，足の骨なら足の骨，みんなバラバラに折られたり，割られたりした状態で発見される。なのに犬だけが，この写真のように死んだままの完全な遺体で出土する。一体なぜだ。

生徒を歴史認識の主体として立ち上げるための問題提起は，生徒たちにとって意外な事実との出会いでなければならない。

写真 13.1　発掘された犬の完全遺体
（千葉市立加曽利貝塚博物館蔵）

(2)　代表意見の発表と班づくり

生徒が自分の答えを作成している間に教師は机間指導を行う。目的は生徒からの質問に適宜答えるためだが，もう１つは生徒が書いている答えのなかから代表的な意見を選定することである。そして，指名して発表させる。この年の３年Ｅ組では次の７説が立った。猟犬説，番犬説，ペット説，犬神説，食用犬説，村のシンボル説，軍用犬説である。

そして，代表意見を発表した生徒のもとに同じ意見の生徒は集合するように指示する。こうして同意見の者同士で１つの班をつくらせるのだが，班員は意見を同じくする同志であり，班のまとまりもよく，班相互の対抗意識も高くなる。

ただし，１つの班の適正人数は５～７人といったところで，それ以上だと班ごとの協議に時間がかかり，集中度も下がる。逆に班の人数を少なくすると班の数が増えて全体の討議に時間がかかることになる。したがって，同意見が多い説についてはいくつかの班に分割することになる。このクラスでは猟犬説の班が３つとなった。しかし，少数意見の班を消滅させたり，合併したりはしない。それぞれの説を多角的に検討することが討論授業の目的である。その視座は多い方がよい。このクラスでは，班員１人の軍用犬説，２人の村のシンボル説の班も健在で，少数班ながらも頑張ることになった。

⑶　自説の説明と他説への批判

班で協議した後，自分たちの説がいかに正しいかを説明し，他の説がいかに間違い，ないしは疑問が多いかを批判する班別の発表タイムとなる。

たとえば，猟犬説の７班は次のように自説の正しさをアピールした。

「図説にイノシシが落とし穴に落ちている絵がでている。これは犬がやった。（「どこにそんな証拠があんのかよ～」という野次にめげそうになりながらも）人間の足じゃ，とても追い切れないから，これは足の速い犬がやったに違いない。」

副教材の図説のなかに根拠となる証拠を見いだし，それを全員に確認させたうえで，論理的な推論を展開したわけだが，その説明に説得力があったことは，他班の生徒から期せずして拍手や感嘆の声があがったことからもわかる。

しかし，猟犬説への批判も鋭い。「50㎝くらいの小型犬では，とてもイノシシなどには勝てない」というのである。この批判にいかに反論するか。猟犬説３班のそれぞれの力量が問われることになるのである。

ここで出される批判・疑問はそれぞれの説にとっては，いわばハードルである。うまく乗り越えられれば，自説を進化発展させることができるが，失敗すれば，自説が成り立たないことを認めなければならない。生徒たちは必死に反論を試みる。

(4) 博物館に調査に行く

この犬は食用犬だったとする２班に対しては批判が集中した。

「もし犬が食用にされていたら，たとえ丸焼きにされても，食べる時はバラバラにされる。写真のように死んだままの完全遺体では残らない」というのである。

貝塚はゴミ捨て場で食べかすが捨てられている。写真はその貝塚から出てきた犬の骨だ。縄文時代は食糧難で食べられるものはすべて食べていただろう，などの情報・知識から考え出された食用犬説だが，この説は完全遺体で出土したという重要な情報を無視ないしは軽視して立てられている。批判はその点をついている。このままでは，とうてい反論できないことを悟った２班は，放課後連れだって加曽利貝塚博物館を訪ねた。番組ではその様子が紹介されているのだが，そこで，彼らは１つの発見をするのである。それはこの遺体に骨折など損傷の痕がないということである。そこから彼らは食用犬説の立て直しをはかるのである。つまり，この犬は食用犬として飼育されていたが，途中で病気で死んだため貝塚にそのまま捨てられた，という新食用犬説である。「死んだら食べないのですか」という質問にたいしても「伝染病などで死んだ可能性があり，死んだ動物は食べない」という狩猟民についての知識をもとに回答し，賞賛を得るまでにいたったのである。

むろん，そうはいっても，この説が当該の問題の答えとして他の説に比してどれほど説得力をもつかといえば，それは否定的にならざるをえない。そのことを，２班の生徒は最後の支持投票（自分の班以外で，最も説得力があった思われる班に投票する）で１票も得られなかったことで知るのだが，それでは彼らの博物館まで行って調べた活動は無意味だったのだろうか。決ってそうではない。というのは，歴史に限ったことではないが，科学的な認識とは，まずは仮説を立てて，それを事実や実験によって検証することによって獲得される。しかし，単に答えを予想しただけでは仮説にはならない。その説が検証するに値する仮説であるためには，その説の立場に立てば与えられた情報はすべてそれなりに矛盾なく説明できなければならない。そうでなければ検証するまでもなく，その説は否定されてしまう。この説も当初のままでは，批判されたように完全遺体での出土という情報を説明できない。つまり，仮説としても成り立っていなかったのである。しかし，博物館での調査の結果，遺体に損傷がないという新たな事実を得た彼らは，それをもとに，食用犬として飼育されていたが，途中で病死してしまったので，この犬は食べられずに貝塚に捨てられたのである。矛盾すると指摘された事実をも説明できるように自分たちの説を立て直したのである。これでようやく，彼らの説は他の説と同じレベルの仮説となったのである。このような経験こそが，生徒を歴史認識の主体として成長させていく，つまり，科学的に歴史を認識することの意味と方法を理解し実践できる存在へと成長させるのである。

(5)　最終討論と支持投票

歴史の仮説は史料が示す事実との検証によって，その真実性が担保されてゆく。そのこと自体は，史料調査の規模と解釈の精密さにレベルの違いこそあれ，第一線の研究者の仮説も，高校生の授業で考えた仮説も同じである。紹介しているクラスの討論でも，最後の争点はそこに絞られていった。

番犬説の女子が，水子貝塚（埼玉県富士見市）では女性の遺体の近くに若い犬が埋葬されているという事実を調べ，その事実から多数派である猟犬説に対して「もし猟犬だけに使われていたなら，狩りは男性がするものだから，女性と一緒に埋葬されるわけがない」とし，「これは女性を守っていた番犬だったから，一緒に埋められたに違いない」と自説の正当性を主張したのも，授業の最終段階であった。

そして，それまでは犬神説に属していた生徒が，教科書に掲載されていた銅鐸の写真から，５匹の犬を使ってイノシシを狩っている人物像を発見し，そのことを発表して，猟犬説への支持を宣言するという劇的なクライマックスで，討論は終了するのだが，それぞれの検証にたいする評価は全員による支持投票によって示されることとなる。結果は，猟犬説の８班が最多の 11 票であった。

このような投票をするのは，その結果で，この問題に決着をつけて正答を決しようというのではない。最多の得票を得た班にはそれなりの理由があるはずである。それを分析して，今後自分（たち）で歴史を考える際の参考にしてほしいからであり，支持票の少なかった班についても同様である。むろん，生徒たちに任せるのではなく，私の分析も『日本史通信』に載せて，生徒に示す。その際の観点は実証性，論理性，個性・主体性という，歴史を科学的に認識するための３要素だが，その意味については，次節で示した通りである。

3　生徒の歴史認識の発達と討論

討論とは異なる意見間で説得力を競う批判と反論の応酬戦である。みんなの前で自分の意見をきちんとわかりやすく説明するためにはしっかりした論拠＝事実を明示しなければならない（実証性）。自説により多くの支持を集めるためにも，他説に決定的な批判をするにも論理的な思考がなにより必要となる（論理性）。人まねや受け売りではない自分の知識や体験・感性をもとにしたオリジナルな説明がここではなにより尊重される（個性・主体性）。議論が進むにつれ，生徒はこのようなことを実地に学んでいくのであり，各自の歴史認識の能力と個性が鍛えられていく。歴史の授業に討論を導入したねらいはそこにあるのである。したがって，討論終了後の教師による分析もこの３要素からの総括となる。そして，通信の最後は次のような呼びかけで終わるのである。

> さて，この三つの要素はけっして，ただみんなにへーといわれる意見を作るためだけに大切なのではありません。実はタイムマシンをもっていない我々が実際に体験できない過去の歴史を正しく認識する，そのためにぜひとも身に付けなければならないものなのです。
>
> 歴史を考える力というのは，この三つの要素をできるだけ十分に満足させた上で，自由に歴史を想像する能力のことです。（その点で，教科書の銅鐸に犬を使った猪狩りの様子が描かれている事実を発見し，自説の犬神説を撤回してまで猟犬説を証明してくれた最後のＹさんの発言は素晴らしいの一語につきます）
>
> さぁ，みんなもこの力を身に付けて，すばらしい歴史思考の体験をしましょう。加藤の日本史はみんなに，その歴史を考える能力を伸ばしてもらうための授業です。

私の授業　「5つの学び」の授業デザイン

和井田清司

私の担当する社会科・公民科教育法では，「生徒が探究する社会科」の理念と方法を学生に理解してほしいと願い，次の「5つの学び」として，実践している。

第1は，レクチャーである。ここでは，戦後社会科の歴史と実践を取り上げる。〈初期社会科→知識主義の社会科→社会科の再生→高校社会科の「解体」→総合学習時代の社会科〉という系譜で社会科教育の歩みを跡づけ，それらの時期の典型的な実践を紹介する。学生が体験してきた社会科授業を相対化し，それと異なる原理や方法が存在すること，時代社会の変容に対応して教科内容も変遷を遂げてきたことを理解してほしいからである。

第2は，ディベート学習である。ディベートの歴史や理論を講義した後，マイクロ・ディベート体験を行う。ディベートの理論と方法は，知識主義の社会科・一斉画一型伝達式社会科からの脱脚をはかる回転軸として活用できる。ただ，そのためには，教育方法としてのディベートのあり方を明確にすることが必要である。一般にディベートという場合，論争技術の優劣をあらそう競技型ディベートが主流である。だが，社会科教育におけるディベート学習は，社会認識の深化をめざし，資料の活用・政策作成・説得的表現・複眼的思考に配慮した方法が開発されるべきである。そのような視点から，競技型に対して「探究型ディベート学習」の方法を提起し，体験を通して理解してほしいと願っている。

第3は，フィールドワークである。個性的で創造的な実践を展開している学校を訪問し，その様子を直に体験することの意味は大きい。「百聞は一見に如かず」である。日本には，1万を超える中学校，5000を越える高校が存在する。だが，通常学生の経験した学校はそのうちの1校にすぎない。創造的な実践を展開する学校を参照することで自分の体験を相対化することが可能であり，また必要である。

第4は，教材の自由研究である。自由なテーマを選び，独自の教材研究を行う。履修学生の多くは，半期ごとの講義を連続してとるので，この自由研究は夏休みの宿題となる。テーマ設定に際して，できるだけ絞り込み，角度をつけること，きちんとした資料にあたることを要求している。たとえば，「日本の農業問題」では一般的すぎるので，「日本に農業はいらないか」とすると焦点が明確になる。

第5は，模擬授業体験である。「みる」と「する」では大違い。教育実習での教壇実習に先駆け，最低1回はマイクロ・ティーチングの経験をするように配慮している。ここでは，自由研究による教材研究をベースにして教壇授業を準備する。学習指導案の説明では，「生徒の状況」「生徒の学習活動」という項目を設け，その記述を充実させることを求めている。こうして，学習指導案を作成し，それをもとに授業を体験したあとで，「カンファレンス」をする。指導案をもとにしてまず授業をした学生からの反省→生徒役の学生からのコメント→教師からのコメント，という順序で議論している。

このような「５つの学び」の授業デザインは，私の実践の現時点での到達点であるが，率直に言って，学生自身の社会科体験の古層が絶えず顔を出し，学生の内的改革は容易でない。さらに，探究的な授業を工夫しようとしても，そのような実践を教育実習の場で体験することは多くの場合困難である。つまるところ教師養成の課題とは，身体化された教授定型に対する「自分崩し」と新たな「自分づくり」を行うという困難な事業なのだと実感している。

マイクロティーチングのスナップ（国士舘大学鶴川校舎　2006.6）

［180 人の大講義でも，工夫次第で模擬授業体験は可能。全員に指導案を作成させ，そのなかから二人ずつペアで授業をする。選ばれた授業者は張り切って授業に取り組んでくれる。授業はビデオに撮り，授業者にプレゼントする。学生のなかから「生徒役」40 人を決め，前列に座席表通り座らせる。残りの学生はオーディエンス（聴衆）。聴衆は授業者にリアクションペーパーを提出する。授業者は事後レポート，他の学生はテストで理解度をチェックし，評価する。］

各論(3)：公民

第14章　経済のグローバル化の明と暗
―「うそっ！」「ほんと」からの経済学習を

河原和之

1　子どもの視点とは何か

ある小学校３年生の「お店調べ」の授業である。店の工夫を調べ発表し，その工夫を「値段」「宣伝」「並べ方」「信用」「その他」の項目に，話し合いによって分類する授業である。「安くて新鮮なものをおく」「タイムサービス」「試食コーナー」「広告」「ゲームセンターをつくる」「賞味期限に注意」など20数個の工夫がだされ，子どもたちによる分類が行われた。授業の最後に授業者は「今日の学習でもっと調べたいことを書きなさい」という指示を出した。授業者の意図は「安い商品をどのように仕入れるのか」「店の並べ方の工夫」などの追究課題を出し，再調査をさせるということにあった。しかし，子どもの約８割は「タイムサービス」に興味をもった。「時間はいつやるのか」「曜日は」「朝にする理由は」「やる時とやらない時の売れ行きは」「品物はどうして決めるのか」「何分というのはどうして決めるのか（設定時間―筆者）」「なぜ水曜日はパン，木曜日はトイレットペーパーなのか」と多様な調べたい内容が書かれていた。この内容を見て，私は「子どもってすごい！」と素直に感じた。ある子どもは「朝にタイムサービスをするのは，朝はあまりお客さんがこないからということだが，本当かどうか調べてみたい」とその理由を書いていた。この学習における教師の視点は，「安い仕入れ」をするためには「大量仕入れ」「外国からの輸入」などにむけられる。だが教師の思惑は，子どもの追究課題によって見事に破綻した。しかし，子どもが追究したい「タイムサービス」を切り口に「店の工夫」「客の動向」「利益」など教師の予定したポイントも見えてくるのではないか。とくに経済学習の授業では，子どもを主人公にした，子どもの生活に根ざした，知りたいと身を乗り出し「うそっ！そんなことはない」「へっ，ほんと，そうなんだ！」と思える謎解きを授業の軸にすえることが重要だ。学習意欲がない，私語がたえないと揶揄(やゆ)される中学生だが，「学びたい，学ぶにたる学習課題」を提示することによって，学習の成立は可能だと私は考えている。

2　私の経済的分野の授業テーマ

以下が，私が実践した経済的分野の授業テーマである。

① 104に電話するとどこに通じるの？（効率化と希少性）
② クーリングオフができないモノって何？（契約と消費者保護）
③ りかちゃん人形のかばんが大きくなったわけ（PL法）
④ 100円ショップが安いわけ（流通）
⑤ マクドナルドのパンはどこのパン？（株式会社）
⑥ 富士山頂のジュースが高いわけ（価格）
⑦ 甲子園球場のビールの銘柄は？（独占・寡占）
⑧ 銀行が合併するわけ（銀行）
⑨ 関西国際空港は何市にあるの？（税金）
⑩ コンビニ，最近変わったことは？（規制緩和）
⑪ 日産自動車のナット100%を生産する会社（中小企業）
⑫ 海外むけの電気炊飯器はどうなってるの？（グローバル化）
⑬ 缶ミルクの丸まる太った赤ちゃんの絵柄が消えたわけ（グローバル化への抵抗）

このテーマ設定を見てどのように感じられただろうか？「すごい！　子どもが興味をもつ内容ばっかりだ」「へっ！　答えを早く知りたい」と思われただろう。だが，この12問をすべて答えられる人は皆無だろう。おそらく半分正解が妥当なところではないか。ここに，授業の醍醐味がある。これらの問いに答えるには，いわゆる「学力」は関係ない。生活と経験そして子どもの興味に根ざしているから，誰もが授業の主人公になれる。だから，教室は，常に活気の渦のなかで寝る暇もなければ，私語をするよりおもしろいから，授業崩壊はまずない。しかし，「確かに，興味はもつが，これで経済を教えたということになるのか！」「受験はどうするんだ！」「思考力や判断力は育つのか」「授業はトリビアの泉じゃないのだから」などの疑問の声もだされる。以上の疑問に実践事例を通じて，答えるのが本稿のねらいである。⑫の「経済のグローバル化」の実践事例を紹介する。

3　グローバル化を子どもの視点で授業する

①〈導入〉グローバル化って何？

〈発問1〉 グローバル化とは，国のわくをこえ，お金や人，モノの動きが活発になることをいう。その具体例にどんなことがあるか考えてみよう。

・日本から大リーガーに多くの選手が行くようになった。
・サッカーの監督に外国人を雇っている。
・大相撲の外人選手が多くなった。
・世界の食べ物がいっぱい入ってきた。
・外国の会社がいっぱい日本にある，など。

〈クイズ1〉 世界の貿易額は1960年には1300億ドルだったのが2000年には約何倍になったのだろう。

5倍　10倍　20倍　30倍

10倍，20倍に答えが集中する。6兆ドルへと約50倍になった。さまざまな商品が世界をかけめぐり，市場がグローバルな規模に広がることを「経済のグローバル化」という。

②　食からグローバル化を考える

切り口はマクドナルドだ。マクドナルドはグローバル化の象徴である。次のクイズで導入を行う（実際は10問）。

〈クイズ2〉 次の〔　〕にあてはまる言葉や数字を入れよう。
・インドのハンバーガーには〔　　　〕が入っていない。
・サウジアラビアの店は一日〔　　　〕回休む。
・スウェーデンのマクドナルドには〔　　　〕スルーがある。
・じゃがいもがたくさんとれるオランダでは，ハンバーグではなく〔　　　〕コロッケがはいっているものもある。

答えは順に〔牛肉〕〔5〕〔スキー〕〔ポテト〕である。教室は楽しいムードだ。世界の人々の生活の多様性は，それぞれの国の自然や文化の違いからうまれてくる。しかし，ある特定の国や地域の生活習慣や文化が，交通や通信の発達により，世界に広まってきている。これが文化のグローバル化だ。それぞれの国が，自国の文化を大切にしながら，グローバルな文化を取り入れている。インドネシアでは国民の9割がイスラム教徒なので，店員さんの制服にもイスラムの習慣が取り入れられている。また，ラマダーンといわれる断食の季節には，窓にカーテンがつけられ，食事する姿が見えないように配慮されている。

③　ヒト・モノのグローバル化

次は「フォトランゲージ」だ。1998年にサッカーW杯で優勝したフランスチームの写真を示し，気づいたことを発表させる。「黒人がいる」「アジア人も」「有名なジダン選手も移民の子どもだよ」など，いろいろ意見を言いながら授業は展開する。このように，経済のグローバル化に比例して，国際的な人や労働力の移動も増大している。1990年代初め，欧米諸国では労働人口の6～10%が他国籍で，その数は3000万人を上回った。また，日本での登録外国人人口も1986年の約87万人から2000年には約160万人へと倍増している。これが，ヒトとモノのグローバル化だ。

写真 14.1

④　グローバル化と日本

日本の食習慣やモノもグローバル化の一翼を担っている。黒板にローマ字をスペルごとに順に書いていきながら何かあてさせる。たとえば，「S」「U」と書きながら「SUSHI」。「KARAOKE」も同様に行う。日本のコンビニも世界に進出し，台湾文化を変えた。

> 〈クイズ３〉「へっ！　日本のコンビニの進出によって，台湾では食べなかった〔　　　〕を食べるようになったんだ。」

〔ラーメン（もともと食べてるの声）〕〔すし〕〔うどん〕などの声があがった。

答えは，冷たいご飯を食べる習慣がないにもかかわらず，「おにぎり」「弁当」が売れるようになった。日本が台湾の食習慣に変化を与えている。

> 〈クイズ４〉　日本の炊飯器は，世界各国へ輸出されるか，現地生産されています。そこでは，それぞれの文化を大切にしながら生産が行われています。さて次の炊飯器はどこの国のものでしょう？
>
> ア　高圧炊飯器（ふっくら炊ける）　　イ　蒸し器付き炊飯器
>
> ウ　72時間保温機能付き炊飯器　　エ　おこげができる炊飯器
>
> 中国　韓国　インドネシア　中近東

中国は当然，蒸し器付き。

インドネシアは，イスラム教のお祈りの関係で，一日何度もご飯をたけないので，72時間保温機能付き。

中近東は，おこげができるご飯が好まれる。だが開発費など採算が合わず日本では生産されていない。

韓国は，以前古米が流通したため，その対策としてふっくら炊ける炊飯器が重宝されている。

逆に日本が影響を受けている事実もある。魚の値の高騰だ。もとはといえば，日本の世界の海での乱獲が原因だが，中国の経済成長やアメリカの肥満対策による魚の需要の増加も影響している。これもグローバル化であり，日本の国民生活に大きな影響を与えている。

⑤　なぜグローバル化が1990年代に急進展したのか？

〈班討議〉　グローバル化とは，国のわくをこえてお金や人，モノの移動が活発になることだ。どうして1990年代ごろから，このことが急進展してきたのか？　班で考えてみよう。

・外国のものに対する偏見がなくなった。
・相撲は日本人みたいな考えがなくなった。
・野球は日本人選手が大リーガーでも活躍できるくらい強くなった。
・すぐに外国に行けるくらいのお金をもつようになった。
・海外へ電話するのが安くなった。
・携帯電話で安い値段で電話もできるし，メールもできる。

どうして，こういう現象が1990年代に急激に起こったのか？　そのことを資料をもとに考える。このような統計資料による検証が社会科の授業には重要である。地図は〈日本からの直行便がある国と地域〉(JTB時刻表)，〈国際電話料金〉(KDDI資料)，〈世界のインターネット普及率〉(NUA資料)，〈1989年の世界地図〉を使う。

〈考えよう１〉　この４つの資料からどんなことがわかりますか？

「日本から直通で行ける国が多くなった」「しかも，時間が早くなっている。ロンドンまで15時間かかったのに12時間30分で今は行ける」「アメリカだったら３分電話しても400円ですむ」「ソ連が崩壊した」「ドイツの統一」など。

そして，以下の４点で，グローバル化の背景をまとめる。

・交通網の発達である。航空機の国際線の路線が大幅にふえ，世界の国々が直行便によって結ばれるようになった。
・国際電話の通話料金が安くなった。３分間話をしてもアメリカは400円，オーストラリアは500円，インドでも700円である。
・IT革命によって，インターネットによる通信が可能になった。

・1989年のベルリンの壁の崩壊，1991年のソ連の解体によって，ヒト，モノ，カネ，情報，サービスなどが自由に移動できるようになった。

⑥　グローバル化は何をもたらすか

グローバル化によって，北（先進国）と南（開発途上国）の所得格差はさらに広がり，さまざまな影響も噴出している。その典型例を紹介する。

〈クイズ５〉 肥満の人の３人に１人は開発途上国に住んでいる。そのなかでももっとも肥満率が高いのはどの地域か？
東アジア　東南アジア　アフリカ　南アメリカ　太平洋諸島

意見は分かれる。正解は太平洋諸島である。

ナウル共和国では成人の77％が肥満である。太平洋の島々は，かつて魚とトロピカル・フルーツを主食にして生活していた。そこへ先進国から肉類が輸入されてきた。アメリカからは七面鳥の尻部，オーストラリアやニュージーランドからは羊などである。しかも，これらは，現地の魚やフルーツより安価である。世界では現在３億人以上が肥満であり，そのうち１億1500万人は発展途上国の国民だ。途上国の人々も先進諸国の危険な消費習慣に染まりつつある。

4　授業の分析

この授業の前半（3の①〜④）は，いわゆる「知識伝達型授業」である。子どもたちの「経験」「生活」「興味」のかかわりで，「グローバル化」の「概念」形成をしていく。切り口は「マクドナルド」「W杯サッカー」「日本のコンビニ」「魚の値の高騰」そして「日本の炊飯器」である。ここでは，「なるほど！　そういうことがグローバル化だったのか！」ということがわかれば，学習のねらいは達成する。後半（3の⑤）はグローバル化の背景をじっくりと考えさせる授業である。社会科の授業は，想像や思いつきでいろいろ発言させることも大切だが，「資料」や「データ」をもとにじっくり分析させることも大切である。ここではグラフや，世界地図を使った。通信・交通・政治などが複雑に絡み合いながら社会が変化していく視点を学んでいく。社会科で必要とされている学力は，根拠を明確にし，より説得力のある判断内容を導き出す力である。そして，最後は，子どもたちが今後考えていくべき課題として「グローバル化による影響〈クイズ５〉」を提起した。ここは「世界が 100 人の村だったら」のワークショップを実践してみてもいいだろう。

授業の成否は，多様な学習方法を導入しつつ，子どもにとって「学びたい」「学ぶにたる」学習課題をどう設定するかにある。そのためには，教師自身の子どもの目線にたった教材開発が不可欠である。

第15章　公民実物教材の集め方・使い方

武藤　章

1　需要が高まってきた実物教材

私たちは彼とモンパルナス街のベック・ド・ギャーズで一夕を過ごした。その店のスペシャリティーである杏のカクテルを注文した。アロンは自分のカクテルを指して，

「ほらね，君が現象学者だったら，このカクテルについて語れるんだよ，そしてそれは哲学なんだ！」

サルトルは感動で青ざめた。ほとんど青ざめた，といってよい。それは彼が長い間望んでいたこととぴったりしていた。つまり事物について語ること，彼がふれるままの事物を……そしてそれが哲学であることを望んでいたのである。　　　　（ボーヴォワール「女ざかり」より）

その先生の手に載っているのは，何やら黒っぽい缶詰である。商品名も読みにくい。よく読めば，「赤飯」だの「たくあん」だの，市販の缶詰とは内容も異なっている。「これね，自衛隊が使っている缶詰なんだ。」彼は恥ずかしげにあるいは少し誇らしげに語るのだった。そして，彼はその缶詰から資本主義の本質，社会主義との違い，商品流通，果ては日本の平和主義へと話が展開していく。さらに，彼が取り出したのは，即席麺のカップうどんである。２つ持っているが，両者の違いは容器に記されているＥとＷの文字だけだ。彼はそこから，企業戦略，日本の東西文化，「バカ」と「アホ」の違い，さらには柳田民俗学へと話を進めるのだ。次に出てくるのはトイレットペーパー，さらには

1本の色鉛筆[(1)]。そして彼は次々にそれらの事物について語ることができるのだった。

私は，サルトル同様ほとんど青ざめながら，その話を聞く。そう，それは私たちが望んでいたものとぴったりしていたのだ。すなわち，言葉によって語るのではなく，事物に語らせること，そして，それによって現代社会をとらえ，あるいはつかみ直し，自分のものにしていくよすがとなること。

教員になってから今まで，社会科の実物教材に関心をもち続け，その発掘と授業案の作成に心を砕いてきた。実物教材については，多くの教育書・実践書が出版され，版を重ねている。また，教材会社のカタログを眺めても，その手の教材が増えてきたように思う。

では，今それほどまでに需要が高まってきた実物教材にはどんな意義があり，どんな効果があるのだろうか。また，その効果的な使い方や入手法についても話をしてみたい。自分のこれまでの体験からも，実物教材に対する反応は教科書や資料集の写真・図版に対するものとは明らかに違う。隣同士で互いにおしゃべりに興じていた生徒たちが，一瞬目をその教材に向けるのである。むろん，用意した教材が生徒たちに合わないものだったならば，彼らの興味は再び自分たちの世間話に戻るだろう。しかし，その教材が生徒の日ごろの生活実態や好奇心に訴えかけるものであるならば，目をその教材に釘づけにし，教師の次の一言を固唾(かたず)をのんで待つ，という状況をつくることも可能なのである。以下に，このような力をもつ実物教材の力の秘密について述べるとともに，それを使った授業実践，さらには教材集めの楽しさについて語ってみたい。

2　実物教材の意義

(1)　実物教材は語る

一例をあげて話をしてみよう。「株式会社」の授業をする。実物教材として「株券」が思い浮かぶだろう。ちなみに株券は近い将来，電子化されてなくなる運命だが，それでも株を持っているという事実自体が実物教材になる，という話をしていくのである。

「株券」はありがたいことに教材会社でレプリカが手に入る。なかには40枚セットのものもあり，生徒一人ひとりが手に取ってみられるようになっている。さらに大きくコピーしたパネルも売っている。しかし，いい授業をしようとする教師はそんなものに手を出してはいけない。証券会社に行ってちゃんと「実物」を買ってくればいいのだ。実物を誰かに借りるという手もあるだろうが，ほとんどの人は株券を証券会社に預けていて，手元に持っていない。第一，そんな大切な物を貸してくれるわけがない。だったら，思い切って自分で買う。うまくいくともうかるかもしれない。

さて，私の使っているのは「ソニー」の株券である。生徒に見せる。表には発行株式数と一株の値段が出ているから，ソニーがこの株を発行したときに手に入れた資金が計算できる。裏を見ると，代々の株主の名前が記されていて，何度も売り買いされたことが一目瞭然である。運がよければ，企業グループの仲間の会社が顔を出していて，「独占」の授業にももっていけるかもしれない。実名が出ているので，それを見ながらこんな展開ができる。

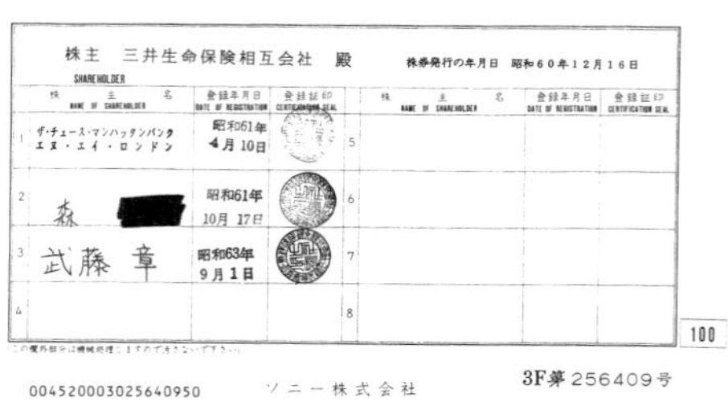

T「最初にソニーから株式を買ったのは誰ですか。」

S「三井生命保険相互会社です。」

T「では，株価が上がっていく仕組みをたどってみよう。ソニーの業績が上がって配当が高くなると，ソニーの株主になりたい人が出てくる。この場合は誰ですか。」

S「ザ・チェースマンハッタンバンク・エヌ・エイ・ロンドンです。」

T「そこで，三井生命保険は欲しがっている相手の足下を見て，自分が買ったときの値段より高く売る。チェースマンハッタンバンクは欲しいから仕方なくそれで買うわけだ。次に欲しくなったのは誰かな。」

S「森さんです。」

T「そう，この人も前回よりも高値で買う。」

S「次に買ったのは先生ですね。」

T「そう，私が買ったときには，1株4000円の値段がついていた。」

黙って株券を見せるだけでわかってくることがいくつもあるのである。私がこの株を買ったのは教員になり立てのころだから，この株はそれなりの歴史を経ている。バブルの絶頂から崩壊へ，そしてITバブルと再びその崩壊。その時々の新聞の株式欄を生徒に見せて，私の一喜一憂を追体験させることができる。株主だから，株主総会にも出席できるし，配当金ももらえる。出席したときの様子も配当金の小切手も立派な実物教材だ。昨今，学校現場での株取引ゲームが射幸心をあおるということで批判されているが，それは株を買うことが「株主」になることだという視点が欠けているからだ。

(2)　教師自身が実物教材である

ここまで述べてきてわかってきたかと思うが，私の主張したいのは，「公民」の授業においては，ほかならぬ教師自身が実物教材となりうる，ということなのだ。歴史の授業では，教師は縄文人や織田信長になることはできない。せいぜい，そのまねをするぐらいのものだ（私はやらないが）。地理の授業でも，教師はアメリカ人やインド人になることはできない。しかし，公民の授業では私たちは教材そのものになれるのである。上述の例でいうならば，「株式会社」という授業のなかで，私は自分を株主として生徒の前に登場させられるのである。株券が電子化されて，上述の株券を見ての授業はできなくなったとしても，私が株主であるかぎり，「株主」武藤の授業は成立するのだ。「先生の株，きのうも下がってたね」と嫌みを言うために毎朝新聞を見る生徒も出てくる。それは人に借りた株券やレプリカではできない相談だ。

「法と裁判」の授業をする。私は裁判の原告になることを考える。人に殴られたら，損害賠償請求の訴訟を起こせばいいのだ。そんなに都合よく殴られるものか，とおっしゃる向きもあろうが心配はいらない。昨今の中学校では，ざらに起こることである。私の場合は，卒業生に殴られたので，情け容赦なく訴訟を起こすことができた。今考えると，よくぞ卒業してまで，私を殴りに来てくれたものだと感謝している(2)。

「請求の趣旨及び原因　別紙請求の趣旨及び原因記載の通り，債務者らは，連帯して債権者に対し，請求の趣旨記載の金額を払えとの命令を求める。」

支払い命令申立書を授業で使っている。申し立てたのは「私」である。適当な憲法判例を探して資料として使うのは簡単だ。だが，それは「実物教材」ではない。権利を求めて闘う，目の前の教師が実物教材となるのである。

もう一つ例をあげよう。人に勧めるのは気が引けるが，偶然手に入れた実物資料をずっと使っている。「差押予告」という。教員になり立てのころ，住民税を直接払わなくてはならない状況に陥った。払いに行く暇がない。ほっておいたら，「納税催告」なるものが届いた。これが何通か来た。気にせずほっておいたら，今度は「最終催告」なるものが来た。ここまでくると，最後はどうなるのかとことんやってみたいと思うのが，社会科教師の人情というものであろう。はたして「差押予告」という怖そうな文書が届いた。ちなみにこの後，役所は自宅に取り立てに来て，私のいない間に家人が払ってしまい，「その後」を経験することはできなかった。この予告状を「地方財政」の授業に使おう。宛名がほかならぬ私，武藤になっているところがミソである。

江東区　高橋
丁目 8 番 5 号
殿方
武藤章　殿

差押予告

あなたの下記滞納税金については督促状や催告状等により期日までに納付されるようにお知らせしましたが、いまだにお納めがありません。
つきましては、下記の指定期限までにかならずお納めくださるよう再度お知らせします。
もし期限までにお納めがない場合は、不本意ですがあなたの財産（動産、不動産、電話加入権、預金、給与等）を差押えることもありますので、あらかじめご承知おきください。
もし、このことについてご意見やご相談がありましたら印かんをご持参のうえ指定期限までにお申し出ください。

指定期限　8月23日

◎ 郵送の際は、本状を同封してください。

記

整理番号	年度	期別	税目	税額	延滞金	計
3170-135521	60	3	区・都民税	10,800	1,000	
		4		10,700	700	
			合計			

昭和　年　月　日
61.8.13

東京都江東区東陽 4－11－28
江東区役所総務部納税課納税係
電話（647）9111 内線 310～314

3　実物教材の集め方

歴史や地理もそうだが，公民の実物教材も足で稼ぐのが正攻法である。もう一つ肝要なのはタイミングを逃さないこと。

切手・コイン店にはよく行く。経済の授業で使えるインフレ貨幣(3)などが手に入る。もちろん歴史の授業で古いお金は重宝する教材である。脱線を恐れずに言うが，歴史の授業でも自分の足を運ぶこと，身銭を切ることは肝要だ。私は明銭や宋銭を生徒に見せるが，コイン屋でそういった古銭はせいぜい 200 円程度である。いかに大量に輸入されたかがわかる。ナウマン象の臼歯は 2 万円だったが，マンモスの毛が 1500 円なのはなぜか，とか考えさせることができるのは自分が足を運んで自分の金で教材を手に入れるからである。

タイミングが大事な教材もある。私の知り合いの教師はつねづね「教材は前髪をつかめ」と言っていた。後ろ髪では遅いのである。また株の話になるが，山一証券が廃業宣言をしたときに，私はすぐに株を買いに走った。株価は1円。千株単位の株券を20枚。2万株を手に入れた。会社が倒産したら株券は無価値になる，ということを授業できる（ちなみにこの株券は自分用に1枚残して，残りは志を同じくする社会科教師に頒けた）。社長が泣きながら謝罪する写真と当時の株価を示すデータをセットにしておく。

ライブドア株式上場廃止をねらって買いに走ったこともある。ライブドアは株式分割を繰り返して1株単位で売っているから，100株買ったら学年の生徒一人ひとりに配ることができる。80円で200株買った。しかし，手に入った株券は百株単位でもくろみは叶わなかった。ちなみにライブドアの臨時株主総会に出席したときには，「絶対にテレビ取材がある，僕も出るかもしれないから帰ったらニュースを見てごらん」と言ったら，ほとんどの生徒がニュースを見てきていた。ライブドアの臨時株主総会のニュースをである。

教材収集は生徒に頼むこともある。冒頭の自衛隊の缶詰は，女子生徒が知り合いの自衛隊員からもらってきてくれたものだ。生徒たちは家族旅行でいろいろなところに行くから地理教材集めは生徒の手を借りることもある。もちろん実費は払う。意識づけにもなる。

4　新教材発掘の努力

ある教師は缶ビールの空き缶を200種類近く集めて授業で見せている。いろんな種類があるのに会社は4つという「独占」の授業である。その教師が「今年の生徒は缶ビールを持っていっても見向きもしないんだ」と悲しそうに語ったことがある。授業が成り立たないというのだ。私たちの実践は，当たり前のことだが，完全ではない。私たちの実践が今現在の子どもたちに遅れをとることはありうるし，いつかくる現実であろう。しかし，そんなときこそ，さらに新しい教材を発掘し，困難を乗り越えていくのも，私たち教師なのである。

かつて，新卒の国語教師が「石川啄木」の授業をやっているようだったので，ちょっと先輩風を吹かせて，「僕，啄木の直筆ノートの複製[4]を持っているんだけど……」ともちかけたところ，「ああ，そうですか」と軽く聞き流されてしまった。授業のやり方は，その先生，その教師によって違って当然だ。ひょっとすると，ふつうの教師は「自衛隊の缶詰」や「差押予告」を見ても青ざめたりはしないのかもしれない。私が独りよがりをやっているだけなのかもしれない。それでもやはり，私は新しい授業の予感にときめきを感じ続ける教師でありたいと思っているのである。

注

（1）ここに記した実物教材については，全国民主主義教育研究会編『続 手に取る公民・現代社会教材』地歴社，1999 年参照。

（2）『未来をひらく教育』1995 年冬号。

（3）ユーゴスラビア（現セルビア・モンテネグロ）の 500000000000 ディナール札が最近手に入れた高額紙幣。

（4）盛岡啄木会，1980 年。

追記　2009 年 1 月 5 日より株券は電子化された。

第 16 章　ディベートで学ぶ現代社会の問題

杉浦正和

1　討論する社会科授業で，社会の問題に関心をもつ

社会科を暗記科目と思っている生徒が多い。現実の社会と縁遠いような講義ばかりを受けているとそう思うのかもしれない。そこで，社会科が対象としている現実の社会に起きている問題を取り上げ，みんなで考えて生徒同士で解決策を考え出したら，社会科こそが一番役立ち楽しい教科とわかるはず。しかし，目の前の生徒がそんなに熱心に議論してくれるだろうか。簡単な質問をしてもすぐ「わかりません」としか答えない生徒が少なくないのに……。

民主主義が討論で成り立つように社会科でも活発な討論をしたい，と密かに夢見る教員が多いのではなかろうか。私もそんな一人だった。理科の仮説実験授業記録を読んで，３択・４択のクイズを出して生徒の間で議論を起こすことには成功した。が，長い追究は難しかった。そこで，英語教育の雑誌で読んで知ったディベートをやるしかないと思った。やり方も論題もよくわからないなかで，ダメであれば仕方ないと割り切って試みた。そのディベートをやると，生徒たちが授業中には見せなかった意欲を示した。目からウロコが落ちた。高校生は討論好き！「案ずるより産むがディベート」がスローガンとなった。

①　準備すれば討論できる

授業中に活発な討論が難しいのは，知識とテーマを与えられても生徒が即座に意見を言えないことが最大の理由である。じっくり意見を書かせてから仕掛ければ，意見交換を成立させることはできる。が，反論の応酬は難しい。激しい論戦で理解が深まる討論をするには，事前に調べさせて発言内容を考えてお

くようにすればいいのである。となると立場が自由である討論では難しい。立場を決めて準備ができて，討論の進行形式が決まっている討論ゲームであるディベートが，生徒の準備を組織できる仕掛けとして有効なのである。ディベート学習は「生徒主体の，高度な集団学習」といえる。

②　現実の論争を扱える中立性

授業中の問答では，生徒が社会の問題に関心があるように思えない。しかし，現実に論争となっている問題をたくさん示して，アンケート形式で生徒に賛否を書かせるとけっこう賛否が分かれるものである。そこで意見を書かせると意外にいろいろ書き出すのである。ディベートは，生徒の隠れた社会的論争への関心を引き出し，生徒にとっても意外なくらいマジに討論を楽しむ側面を発見できる。何よりも，２つの対立する立場を対等に提示することによって，扱いの難しい論争問題について政治的中立性を保ちながら授業を行えること，これが最大のメリットである。現実社会へ主体的にかかわる主権者を育てるには不可欠の学習方法であるといえよう。

2　「日本は，安楽死を法律で認めるべきである」

現在は高校１年生に現代社会を週２時間教えながら，全生徒に年４回ずつディベートを経験させている。男女を組み合わせた８班にクラスを分けて，アンケートで上位になった４つの論題で，班の希望で肯定と否定を選ばせてディベート試合を行う。１時間の授業で２試合を組むので，２時間で全員が試合を体験する。つまり，年に４回のディベート週間がある。一カ月前には班で論題と立場を決めて準備を開始させる。班としての主張を３論点でまとめてから，立論・尋問・反駁・要約と担当分担を決める。定型の準備レポートに発表原稿を書いておくのが各人の最低課題である。試合の前々日に配付用資料として，各班から３論点と班員分担やデータを明示した「立論プリント」を提出させる。

①　試合当日の準備

朝に裏表に印刷された立論プリント（肯定と否定のセットが２試合分）と，試合の記録・審査用紙が全員に配付される。休み時間中には教室の机を全体として後方に下げ，教壇前に肯定側と否定側のチームが机を向かい合わせる。黒板には，３つの主張の見出しを並べるかたちで，２試合分の各班の主張が書かれてある。ディベートに向けて緊張が高まってきた。

肯定側：①患者の苦痛　②医療費削減　③心のゆとり

否定側：①間違った選択　②安楽死≒自殺　③薬流出の危険

②　肯定側立論

前回勝った班をベル担当として，私が司会となって論題を確認してディベート開始を宣言する。まず，肯定側の立論担当者が教壇に立ち，ベルとともに話し始める。時間は２分。ベルは最初と１分ごとに鳴る。「安楽死を法制化すべきかの肯定側立論を行います。まず，基本思想を説明します。患者の意思を第一に優先すべきです。理由は第１に患者の苦痛です。末期患者が病気による耐えがたい苦痛から逃れるため，安楽死を法制化することが必要です。授業のビデオで見たように，アメリカのオレゴン州やオランダで法制化されて，安楽死によって苦痛から解放される人がたくさんいます。第２に医療費の削減です。金銭的な問題でこれ以上治療が続けられない人にとって安楽死が必要です。ガン治療で毎月百万円以上も医療費がかかることもあります。第３に心のゆとりです。いざというときに安楽死ができると気が休まるのです。……これらを考えると，論題を肯定するのは当然です。これで立論を終わります。」準備レポートには定型的な表現（「論題を肯定するのは当然です」など）が組み込まれている。

否定側が椅子から立って尋問を始める。時間は１分。「医療保険があるので何とかなるのではありませんか」「手術の後遺症で24時間体制になることもあって，医療費が高くなることもあります」とやりとりをする。尋問は質問する側が短く質問して，相手の回答を含めて１分で終わる。

③　否定側立論

次に，否定側の立論担当者が教壇で立論を始める。「日本は安楽死を法律で認めるべきかの否定側立論を行います。まず，基本思想を説明します。安楽死を法律で認めることでデメリットが生じます。提案の欠点として，第１に間違った選択。まだ治る見込みのある病気でも安楽死を選んでしまい，まだ生きられるのに寿命を縮めてしまっています。この選択は間違っています。第2に，安楽死は自殺に似ているのです。先に言ったように，まだ生きている自分の命を自らの意思で途絶えさせてしまっているのです。これは自殺に似ています。第3に薬の流出の危険。安楽死には薬が必要です。法律化されることによりもっと薬が出まわるようになって，危険な薬物が流出してしまう恐れがあります。これらを考えると否定するのは当然です。これで立論を終りにします。」

肯定側からの尋問。「法制化されると，薬の管理が厳しくなるのではありませんか」「薬が多く使われるので入手しやすくなります」とやりとりが続く。

④　反駁の応酬

立論で主張を示し合った後は相手から反論を受ける。立論への反論が第1反駁，相手からの反駁への反論が第2反駁で，それぞれ1分で行う。

まず肯定側が否定側立論に反駁。「肯定側の第1反駁を行います。間違った選択と言いましたが，病気の直らない末期患者が苦痛から逃れたくて行うので，間違ってはいません。苦痛の恐怖を防ぐものです。治療不可能な病気の人が行うので自殺ではありません。また薬流出の危険ですが，きちんと法律をつくり本当に苦しい人のみに薬を渡してその人を登録すれば，一般への流出を防げます。……」続いて否定側の第1反駁。「否定側の第1反駁です。医療費の削減と言いましたが，それは自分だけの考えです。人の命はお金にかえられません。多額のお金を払ってでも生きてほしい家族が多いはずです。また，安楽死によって心のゆとりが生まれると言ってビデオの例が出ましたが，そのビデオでは残された遺族の複雑な思いが映されていました。……」

引き続いて肯定側の第2反駁に進む。「肯定側の第2反駁です。心のゆとりですが，最後は本人が決めることです。治療にお金を使うよりも残りの人生を充実する生き方もあります。……」肯定側はすぐに反論せねばならないので大変である。安楽死を決めるための期間について肯定側が長い時間をイメージしているようだが，ちょっとわかりにくい。次は否定側の第2反駁，肯定側の第1反駁に再反論するのだが，間に否定側の第1反駁と肯定側の第2反駁が入るので，寸前の肯定側第2反駁に反論をしたくなりがち。司会として注意する。

「否定側の第２反駁を行います。……患者の苦痛ですが，肉体的な苦痛でも少したてば治る治療法ができるかもしれない。いざというときに死ねるというのは生命を操ることで道徳的に問題。苦しみながら死ぬのは元々人類が今まで来た道に沿うもの。自然に生まれてきたのだから死ぬときも同じ。それが命を全うすること。」自分たちの守りでなく，相手への反駁を続けてしまった。

⑤　相互討論

反駁後は，肯定側と否定側で自由に意見を交わし合う。本校独特の形式で「相互討論」と呼んでいる。１分ずつで２回ずつ意見を言い合う。教壇には行かずに向き合ったかたちで議論する。肯定側は，本人の意思だけでなく，家族と話し合って最終決定をすると言い，治療不可能なことを医師が専門的に診断すること，メンタル面での安定を強調した。否定側は，一人で決めると自殺に近くなること，医師の使命は患者を助けることで安楽死ではないと強調した。こうして意見交換後に要約となるが，１分の準備タイムを与えて否定側から要約をする。最後を肯定側で終えるためである。時間は１分半。

⑥　要約で勝負が決まる

否定側の担当者が教壇に立つ。「否定側の要約を行います。私たちは次のように主張しました。安楽死を安易に選択する可能性がある。安楽死を認めることは自殺を認めることも同然。安楽死の薬が一般に流出して，安楽死が一般化する危険性があることです。これに対して，肯定側は恐怖から解放されて心のゆとりが得られると批判しました。が，恐怖からの解放イコール死ではありません。……安楽死というのは，肉体的にも精神的にも極限に追い詰められた人が行うことで，法律で認めてしまうと安易に広がって非常に危険なのです。だから，論題を否定するのは当然なのです。これで否定側の要約を終わります。」分かりやすく主張をまとめて，結論が明確であった。

最後に肯定側の要約。「安楽死ができるというのはいざというとき楽に死ねると思って気が休まります。だから，逆に残された時期を最大限に充実した生き方ができる。これは自殺との決定的な差です。自殺は個人で行うものだが，安楽死は家族で決めて行うものです。また，法制化することで薬の管理状況が厳しくなるので，流出や悪用が防止できます。……」否定側のようには結論をわかりやすく示すことができなかった。

⑦　聴衆生徒全員の審査

特定の生徒を審判にする方法もあるが，学習としては生徒全員に審査をさせたい。聴衆生徒は試合中に発言をメモしてそれぞれの論点を確認し，どちらに説得力があったのかを判定する。最後に，審判生徒の挙手数を確認すると，肯定側が6票，否定側が21票で否定側の勝ちとなった。生徒自身の意見は肯定が多いので，安易な安楽死をさせないという否定側の要約の仕方がより強い印象を与えたと思われる。

試合後の授業では，学年全体の試合結果と評価，論点紹介をするまとめのプリントを配付し，自分たちの議論を振り返る時間をとって反省指導とする。

3　気軽に，コンパクトにディベートしよう

いま行っているディベートは1時間で2試合という高スピードで，以前の1時間1試合と違って非常に忙しい。以前は最初から尋問を入れて，反駁が2分ずつ，相互討論も3～4回，作戦タイムを何度かとる余裕もあった。ある意味で十分に議論できたが，生徒は余裕がある分緊迫感が欠けたかもしれない。

1試合時間は20分でしかないが，生徒にとってきわめて濃密な体験である。立論は原稿通りに読めばいいが，反駁になると原稿があるものの，反論なので臨機応変の対応が必要になる。相互討論は自由討論なので即座の反論や追及が不可欠である。そして，要約担当者はその展開を必死にメモして，最後に全体を振り返りながら自分たちの主張を審判生徒に訴えるのである。準備タイムは要約前の1分しか与えていない。さすがに，1回目と2回目の試合では次々と発言が出てくるとはかぎらず，無為に時間がたつことがしばしばである。発言があっても言っていることがよくわからない。生徒は「立った途端に頭の中が真っ白になる」と言う。とにかく意見を言うだけで精一杯なのである。

①　試合のなかで急成長

しかし，年4回やるなかで生徒は急速に成長する。まず，空白の時間がほと

んどなくなり，すぐに反論や追及をことばにして言えるようになる。したがって，前半では尋問を入れられないが，後半の３回目・４回目では尋問を１分間ずつとる余裕が出る。最後には要約の準備タイムがいらないほどになる。

②　説得力を意識

ディベートは知的スポーツとして勝ち負けを決める。その結果，どんなに準備をしっかりしても，原稿を早口で読んだり難しい文書をそのまま読み上げたりすると，主張が伝わらないので説得力がなくなり，試合に負けるという厳しい結果に直面する。十分な準備をした班ほど負けると辛い。次には勝ってやるぞと，いろいろな反省をして臨むことになる。勝ち負けをつけることが批判されることがあるが，生徒にとっては緊張感と自分たちの説得力を客観的に測る手段となる。もちろん，勝つ方が気持ちいいのは確かである。

③　短時間試合を活用

１時間に２試合を行うのは，生徒がそれなりの力をもっていて，教師が司会進行に熟達していないと難しい。以前の１時間１試合のときは司会を生徒に任せていたが，今は生徒に任せるのがベルだけである。進行をすばやく的確に行わないと時間内に終えられない。しかし，１時間の授業で短時間ディベート１試合にすれば準備や反省の指導をかなりできる。冒頭で教師から基本的知識を説明したり，途中で聴衆生徒から質問を受けたり，試合直後に審査理由を述べたり，感想や意見を言ってじっくり反省・議論することが可能になる。教師から補足説明や評価を入れてもよい。つまり，20分のコンパクトなディベートは，普通の授業計画に入れやすい形式といえる。ディベートに参加して論争する機会は減るが，その分問題に関連する基本的知識を明確にし，争点に即して補足や議論することで理解をより深めることができるだろう。

４　問題の理解を深める探究型ディベート学習

ディベートの進行形式をどうするかは，授業計画全体のなかでディベートの目的に従って決めるべきである。１時間２試合のかたちは，短いなかで互いの論点を突き合わせて争点を明確に整理していくこと，論点整理とそのプレゼン技術を育てるのが主目的である。スピーチ時間が短いので，主張の根拠となる事実やデータを細かく引用したり，データそのものの吟味は目的でない。

①　準備指導

論題に関連する基本的知識は授業で説明しておく（授業計画が論題によって変わる弱点）。試合を短時間にする工夫として，プリントを担任経由で生徒に渡して授業前に配付し，休み時間からの机移動などで授業５分後には試合を開始する。また，授業中に準備時間をとらないため，班員分担を明確にして定型の準備レポートを渡し，生徒が個人でネット・リサーチして準備させる。班の打合せが不十分でもそれなりにチームワークがとれる仕掛けである。準備過程で，班づくりや論題の希望と決定，準備レポート配付等々，授業時間外で生徒が主体的に動かないとディベートは成立しない。この意味で手間がかかるが，仕掛けをつくって動きだせば生徒の慣れと成長とともにスムーズに準備できるようになる。生徒に自力で準備を組織する力がつくからである。準備過程でも試合過程でも，ディベート学習は「高度な，生徒主体の集団学習」である。

②　目的は論点整理

このディベートで生徒に十分な論理的スピーチができているかというと，不十分な点が多々ある。ディベートを国語的な観点からスピーチ技術のために行う考え方もある。ディベート甲子園のような闘い方である。一つの政策に対して，その争点を探究し整理することでなく，相手の主張を効果的につぶせたかどうかが論理性の度合いとされる。これが「競技型ディベート」であるが，私たちのものは「探究型ディベート」である。〈準備—試合—反省〉という学習サイクルを繰り返しながら，生徒の主体的学習活動を引き出す構造があり，現実の論争問題への生徒関与を強めて，生徒が社会的問題を主体的に探究することが目的である。生徒の意思決定が多様に広がるのが特徴である。

第17章　新聞で学ぶ現代の社会
――イラク戦争を例に

井ノ口貴史

1　「教える」教師から「生徒とともに学ぶ」教師へ

私は，湾岸危機・湾岸戦争の時，「イラクがクウェートに攻め込んだのはなぜ」「アメリカはイラクを攻撃するの」など，生徒の発する問いに応える授業を仕組めなかった。刻々と変化し予測がつかない事態を，新聞とTVの報道だけで授業に仕組んでいく方法論をもたなかったのだ。湾岸戦争が終わり，概説書や論文が出てきてから，教材研究をして授業を試みたが，生徒のモチベーションは下がっており，「先生，教えて」との声に応えるものにはならなかった。

なぜ，リアルタイムに授業を仕組むことができなかったのか。主体的に学びたいと主張する生徒と，学ぶ価値がある教材があるにもかかわらず，私の側に，教え込もうとの意識が強く，正確な知識を獲得しないで教えることはできない，との思いがあったのだ。

しかし，発想を変えればどうだろう。教師である私も，生徒と一緒に学ぼうと考えれば，リアルタイムに展開する紛争や事件の授業を仕組むことができる。教師は，メディアが提供する情報やインターネット上に流されるフリーのジャーナリストや一般市民の主張と生徒を出会わせ，そこから生まれた疑問を手がかりに紛争や事件の原因や背景を教材化し，生徒に学習で獲得した知識をもとに自らの立場を明確にして意見表明させる。生徒たちは，仲間の意見表明文を読み合わせ，互いの意見の違いを確認し合いながら仲間と共同して学習を進める。教師は，紛争や事件を進展に合わせて教材化し，継続的に意見表明をつないでいき，論争点が明確になったところで紙上討論を仕組む。

このように，教師と生徒，生徒相互が共同して学習を進める授業方法こそ，リアルタイムで動いている現代の社会を学ぶのにふさわしい。学習材は，新聞，TV，インターネットなどメディア情報が提供してくれる。教師自らが，メディア情報をもとに学び，生徒が行う意見表明を読み込んで新たな課題を発見し，カリキュラムをデザインしていくことが求められる。

2　意見表明でイラク戦争を考える

(1)　ねらい

メディア情報を比較しながら読み込んでイラクの現状を知り，自衛隊のイラク派遣の是非と自己責任論について意見表明をする。

(2)　授業展開

1．「自衛隊派遣と自己責任論を考えるⅠ」(2004年4月　3時間扱い)

展開①　2004年4月8日，イラクで武装グループが高遠菜穂子さんら日本人3人を拘束し，自衛隊撤退を要求する事件が起きた。高校1年生の「世界史A」の授業開きで，最近の国際情勢で一番興味がある事項として，多くの生徒がこの事件を取り上げた。

旧フセイン政権崩壊から1年後，イラクでは駐留米軍によるファルージャ攻撃が熾烈をきわめていた。ファルージャ攻撃の現状を知るために，ファルージャでの銃撃事件で死亡した米国人4人の遺体が地元住民に傷つけられたことが背景にあって，米軍による反米武装勢力への攻撃が行われたこと，3月以降反米武装勢力による米軍兵士の死者が増加していることを伝える記事(「毎日新聞」2004/4/2)とイラク人の死者が280人を超え戦闘状態に逆戻りしそうだという記事(「共同通信」配信2004/4/8)を紹介した。

しかし，これらの記事はロイター通信やAP通信配信の情報によって書かれており，戦闘を続ける一方の側に偏っていて，イラクの現状を正確に把握することはできない可能性がある。そこで，現地ファルージャから発信されている2つの情報を紹介した。1つの記事は，「地獄の扉を開く：バグダッドからの報告」(http://www.jca.apc.org/~kmasuoka/places/iraq0404.html) で，米軍の封鎖のなかファルージャにいた数少ない西側レポータのひとりであるラウール・マハジャンのレポートである。彼は，①2003年4月28日，米軍兵士たちが，100人から200人の平和的な抗議行動者たちに向けて発砲し15人を殺してから，ファルージャでは米軍に対する抵抗運動が始まったこと，②遺体が傷つけられた4人の米国人は，ブラックウォーター・セキュリティ社（米国海軍特殊部隊の元隊員たちがつくった会社）の社員で，戦闘にも参加している傭兵であり，米海兵隊による家宅捜索で殺されたイラク人に対する報復の意味合いがあったことを紹介している。2つ目は，「NEWS ARAB WORLD」2004/4/12（斎藤まやさんの試訳 http://members.jcom.home.ne.jp/pinuskoraie/0305.htm　2004/4/15 採取）である。この記事では，ファルージャの病院関係者の話として，「一週間前に米占領軍によって開始されたレジスタンス勢力掃討作戦による戦闘のイラク人犠牲者は600人を超えた」こと，5つの国際NGOの報告では「ファルージャでの死者を470人」「1200名の負傷者のうち243名が女性，200名子供である」と伝えている。

次に，イラク駐留米軍が各地で行ってきた掃討作戦についての現地取材の記事（「朝日新聞」2004/4/7）を取り上げた。2003年12月，米軍の家宅捜索の後15歳から60代の男性83人が米軍に連行されてアブグレイブ監獄に収監されたアブ・サッファ村を取材した記事である。幼い子どもを残された妻たちが，「米軍が来て1年，良いことは何もなかった。揚げ句のはてに夫は連れ去られ，生活費まで奪われた。米軍が憎い」と訴えている。

一方，客観的なイラク情勢を確認するため，4月11日時点でイラク開戦以来，米軍兵士の死者が670人を超え（http://lunaville.org/warcasualties/Summary.aspx），開戦以降のイラク民間人の死者が8865名～10715名と見積もられている（http://www.iraqbodycount.net/bodycount.htm）という事実を示し，生徒に発問した。

「アメリカは，フセイン独裁体制を倒してイラクに民主主義を樹立したと言います。フセイン体制が倒れたとき，イラクの民衆は喜びました。しかし，今，なぜ米軍がイラクの人々からねらわれていると思いますか？」

生徒たちは，記事を読んで考えたこと，TV報道や映像などから見知った事実を次々と発言した。「アメリカ軍は，イラクで罪もない人々を拘束したり，殺したりしているから」「世界中から集まったテロリストが米兵を殺しているから，その仕返しで殺し合いが続いている」などが代表的な発言であった。

展開②　同時代史学習「9.11からイラク戦争へ」を仕組んだ。

〈学習内容〉

1．「9.11」以降のアメリカの世界戦略

⑴米同時多発テロ事件からアフガン戦争へ：①米国の「対テロ戦争」の論理，②ブッシュの「先制攻撃論」，③アフガン戦争の経過と結果

⑵イラク戦争へ：①大量破壊兵器を巡るフセイン政権と国連査察，②米国と国連安全保障理事会の決議を巡る動き，③イラク戦争の経過

2．「対テロ戦争」と小泉政権

①アフガン戦争と日本，②「テロ特措法」と海上自衛隊のインド洋派遣，③イラク戦争に対する日本の立場，④「イラク復興支援特措法」と自衛隊のイラク派遣

展開③　イラク戦争と日本の政策について共通理解させたうえで，人質事件を報道する新聞記事を持ち込み，犯行グループの要求事項と小泉首相による自衛隊撤退拒否発言（「毎日新聞」2004/4/8，2004/4/9），犯行グループが「（3人の）日本人たちが占領国に汚されていないことを確認し，（人質の）日本人たちがイラク国民を応援していることや，家族の悲しみを考慮し，日本国民の姿勢も評価して」解放するとの声明（「朝日新聞」2004/4/11）を読んだ。次に，一部政治家が発言している「自己責任論」や国内で続けられた家族への中傷を伝える新聞記事（「共同通信」2004/4/13）と「「ナホコの代わりに僕を人質に」高遠さん世話した子語る」（「朝日新聞」2004/4/14）を読み比べた。最後に，小泉首相が「被害者発言に不快感，自覚持って欲しい」と発言したという記事（「共同通信」2004/4/16）と米国務長官が「3人を誇りに思うべき」と発言したTVニュース（TBSのホームページより）を読み比べて，3人に対する日本政府と外国の評価の違いを確認した。そのうえで，生徒に意見表明を求めた。

発問　4月18日，昨年夏以来ファルージャに兵士1300人を派遣していたスペインが軍隊の撤退を決めました。今回の人質事件では犯行グループが自衛隊の撤退を要求しています。そして，日本国民に日本政府に圧力をかけ自衛隊の撤退を実現するように求めています。あなたは，自衛隊の派遣問題や今回の人質事件に際して政府などから言われた「自己責任」「自業自得」等の発言に対してどう考えますか，意見表明をしてください。

意見表明の概要　94%の生徒が政府の自衛隊撤退拒否方針や「自己責任論」を批判した。「僕は日本政府の意見には反対です。3人の人は，イラクの情報を伝えるために命がけで行っているのに，「自己責任」だの「自業自得」だの，こんなことを言っていたら，イラクの状況がわからなくなる。むしろ責任をとらないのは政府の方だと思う。そもそもイラクが何をした訳でもないのに，ここまで問題にするアメリカや日本政府もおかしいと思う。一応の解決をしたのだから，自衛隊は撤退してもよかったはずだ。イラクの人も抵抗するのは当然だろう。関係ない人々も巻き込まれ，ここで政府が決断を示さなければ，犠牲が増えるだけで，解決はないんじゃないのでは？戦争は悲しいだけだ。」

2．「自衛隊派遣と自己責任論を考えるⅡ」(2004年5月　2時間扱い)

展開　約9割の生徒が「自衛隊撤退拒否」「自己責任論」を批判していることを受けて，「読売新聞」社説（2004/4/10）を紹介して，再度「自衛隊撤退」と「自己責任」について考えさせた。「読売新聞」社説は，「（自衛隊を撤退させれば）日本はテロに容易に屈する国と見られ，国際社会の信用を失う」「イラクでは，一般市民を巻き込んだテロが頻繁に発生している。それを承知でイラク入りしたのは，無謀な行動だ。三人にも，こうした事態を招いた責任がある」と主張する。それに対し，人質事件の当事者である高遠菜穂子さんが会見で「いつ死ぬかわからないという覚悟のもと，強く考えて行動していた」「（犯人グループが求めた自衛隊撤退について）日本政府が応じなかったことは当然だと思う」などと1カ月後の心境を語っている記事（「朝日新聞」2004/5/20）と高遠さんが行っていたイラクでの孤児救済の活動と「菜穂子は僕らの母さん」と孤児たちに慕われる高遠さんの人柄を紹介したインターネット上の記事（http://www2.asahi.com/spedial/jeitai/houjin.html）を対置して意見表明を求めた。

発問　君たちが4月28日に行った意見表明では，ほとんどの人が「自己責任」をいうのはおかしいと言い，人命が第一で，自衛隊を撤退させるべきだと主張しています。読売新聞の社説では，自衛隊の撤退を拒否した小泉首相を支持し，テロに屈せず，イラクに留まって国際社会の一員として責任を果たすことが大切だと主張しています。一方，高遠さんは，「戦争被害に苦しむイラクの人たちのことを考えると，今こそ武器をもたないNGOを中心とした人道支援が必要だと思う」と自らの活動に理解を求めています。あなたは，今回の小泉首相の自衛隊撤退拒否の姿勢をどう考えますか，意見表明してください。

意見表明の概要　小泉政権の自衛隊撤退拒否を批判する意見は60％に減った（自衛隊撤退拒否を支持する生徒が20％，どちらとも態度を決めかねる生徒も20％）。「イラクの人道支援に参加したことで命を落とした人が報われない」「撤退させていれば，『よど号ハイジャック事件』の時のように，再び『テロに屈した国』というレッテルを貼られ，国際社会からの信用がなくなる」から，撤退させないと決断した小泉首相の判断は正しかったという。社説ひとつで自らの立場を変える生徒が多く出てくる現状を見たとき，メディア情報の論調を読み比べ，それらの主張を批判的に読み解き，自らの意見を構築する学習を積み上げることが必要であると感じる。

3　時事問題の授業づくりとメディアリテラシー

リアルタイムに事態が進展する国際紛争（戦争）や事件を授業で扱う場合，TVの報道番組や新聞記事は必要不可な学習材となる。「9.11」を報道する映像や新聞記事を教室に持ち込むことで，生徒の学習意欲は高まり，新聞記事を継続的に読み継ぎながら，「対テロ戦争」の論理やアフガン空爆，海上自衛隊のインド洋派遣の是非について，論争的な授業が仕組まれ，生徒たちが「テロと戦争」について自らの主張をインターネットを通じて発信し続けた(1)。

教科書に記述されていないだけに，授業に仕組むに当たっては教師のカリキュラムデザイン力が試される学習材である。とくに，メディア情報の取り扱いに関しては，メディアリテラシーの観点から，その情報について綿密な検討が迫られる。たとえば，イラク戦争の際，バグダッド陥落後巨大なフセイン像を群衆が引き倒す映像が流された。しかしこの映像は，アメリカのABC放送の検証によると，集まった民衆はごくわずかで，フセイン像を引き回しているのは18人中7人がカメラマンであったという(2)。戦争時にはよくプロパガンダが行われる。湾岸戦争の時の水鳥報道やクウェートの病院で赤ん坊が殺されているとするナイラ証言がその典型である。

メディアが送り出す情報は，現実そのものではなく，送り手の観点からとらえられた見方のひとつにすぎない(3)。しかし，生徒は，新聞で報道される事柄は客観的で，中立の立場で現実を伝えていると考えている。新聞報道だけで授業を構成する危険性がそこにある。2003年3月20日から4月10日までの新聞報道を分析した研究(4)によると，一例として「読売新聞」の場合，自社取材7％，米軍情報8％，ロイター23％，AFP 8％，AP通信8％，CNN 7％，BBC 5％，米新聞社5％，米国防省4％，その他の米メディア8％，アルジャジーラ2％などであった。このように，圧倒的に欧米中心の情報源で記事が書かれていることがわかる。

NIE（教育に新聞を）という学習活動がある。日本のNIEの最大の特徴は，複数の新聞を読ませ，ニュースの見方や物事の考え方の多様性，各紙の個性を学ばせること，と紹介されている(5)。しかし，国際紛争（戦争）や事件についての日本の新聞記事が欧米の情報源に偏っている状況では，批判的に新聞記事を読み解くことには限界がある。メディアリテラシーの観点から，新聞記事やTV映像を使う際には，インターネットを駆使して，記事の真偽を確かめ，教材に使うメディア情報は十分に検討する必要がある。なお，インターネット情報を教材化する際は，① HPの目的を理解する，②著者や組織の信頼性について調べる，③多様な情報源に当たる(6)，の3点が目安となる。私の場合，最低限発信者のプロフィールが載っていないインターネット情報は使わないことにしている。

メディア情報を駆使して，リアルタイムに進行する国際情勢を学習する場合，ディベート授業や紙上討論を取り入れたオープンエンドの授業方法が志向される必要がある。実践で紹介したイラク戦争の授業では，生徒の意見表明を継続的に積み上げ，自衛隊派遣賛成派と反対派に分けて，双方代表的な３人の意見表明文を掲載して紙上討論に仕組んだ。自分の立場とは違う意見表明文を批判するかたちで行われた紙上討論では，69人中47人が派遣賛成派を批判し，残り21人は反対派を批判した。次いで，2004年10月香田証生さんの事件を受けて，自衛隊派遣期限延長についての是非を考える意見表明を行った。このように継続して，メディア情報を使いながら現代の社会を考える授業を積み上げて聞くことで，98％の生徒たちが「新聞の記事を読んで，現在世界で起こっていることを知ることはよいことだ」と主張し，75％の生徒が「新聞やテレビのニュースに興味をもつようになった」と回答している。

注

（1）　井ノ口貴史，子安潤，山田綾編『授業づくりで変える高校の教室１　社会』明石書店，2005年，55-72頁。
（2）　http://www.info.sophia.ac.jp/sophiaj/jgenzai03/Syoroku1.html（2006.12.2アクセス）
（3）　菅谷明子『メディア・リテラシー』岩波新書，2000年，iv頁。
（4）　門奈直樹「国際報道と日本のマスメディアーイラク戦争物語はどのようにして作られたか」『歴史地理教育』2004年５月号，26-27頁。
（5）　影山清四郎編著『学びを開くNIE』春風社，2006年，21-22頁。
（6）　菅谷，前掲書，196-97頁。

第18章　学校で模擬選挙をやろう

松田隆夫

1　選挙は民主主義の基礎――模擬選挙の意義

日本国憲法の前文冒頭に「日本国民は正当に選挙された国会における代表者を通じて行動し」とあり，日本の政治は代表制民主主義を採用することを宣言している。世界各国の政治制度も，直接民主制の要素は生かしつつも，基本は間接民主制によって支えられている。つまり，民主主義の第一歩は，選挙が正当に行われることである。

カンボジア・アフガニスタン・イラクなどで内戦・独裁政治に終止符を打ち平和・民主化を実現するためには，すべての国内各派が武器を置き公正な選挙に参加することが，最大の課題となる。国連PKO選挙監視団などがサポートし，世界中が固唾（かたず）をのんで見守るなかで，新しい国づくりの選挙が行われる。この場合，国内各派が「頭を叩き割るのではなく，頭数をかぞえて，政治方針を決める」という民主主義ルールに乗ったかどうかは，どれだけの人々が投票所に行ったかにかかっている。だからこそ，世界のメディアは焦点の選挙の投票率を大きく報道する。

しかし，振り返って日本の国政選挙をみてみると，有権者の半数近くが投票所に行かない。もちろん日本は，「義務としての選挙権」制度ではなく，「権利としての選挙権」制度の国だから，「棄権」も権利行使のひとつであり，一定の政治的表現ではある。それにしても，現状はあまりにひどい。

有権者の半分しか投票していない選挙で当選した議員が「正当に選挙された

代表者」と言い切れるのか疑問視する声もあがっている。

投票率の現状をさらに，年齢別でみてみると，選挙権を手に入れたばかりの20代の若者の投票率がずば抜けて悪い。20％台ということもある。そのためこの先，投票率がさらに悪化する可能性は高いとみられている。どうみても，日本は明らかに民主主義の危機に直面している。

さて，公教育のなかの公民教育は，民主主義の基礎である選挙についてどう教えているだろうか。国会や選挙制度の仕組みと意義とは公民教科書にも書いてあり，誰もが教えている。しかし，ずばり「投票所に行かなければならない」と教えているだろうか。「誰に投票するか，何党に投票するか，どういう風に考え，どうやって決めたらいいのか」を教えているだろうか。このような，諸外国では行われているシティズンシップの教育が，日本の公教育のなかからすっぽりと抜けている。

日本の学校が政治教育を避けている原因は，冷戦（東西対立）や，そのイデオロギー対立が安保闘争・学園紛争のときに学校に持ち込まれることを警戒した文部省通達などに求められるであろうが，ここでは紙面の関係で割愛したい。冷戦は終わり，学園紛争も遠い昔の話になった。今求められているのは，日本の民主主義の危機をどう乗り越えるかである。

課題は明確である。民主主義を守るためには，投票所に足を運ぶ有権者を育

写真 18.1

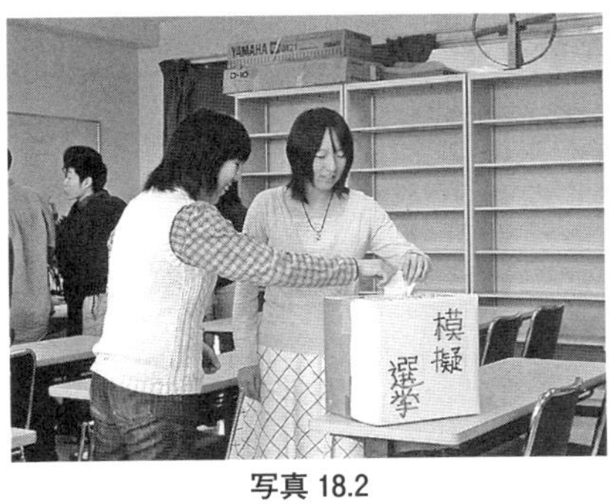

写真 18.2

てなければならない。それがシティズンシップの教育であり，公教育・公民教育の責任である。

2　模擬選挙の試み

こう考えた私は，1989年の都議会議員選挙・参議院議員選挙以来，公職選挙があれば必ず公民科授業の一環として模擬選挙を行ってきた。都立大泉高校で始め，異動した都立武蔵高校でも続けた。始める前は冷ややかな反応も一部にあったが，やってみると生徒・保護者には好評だった。また，社会的にも注目されるようになり，各メディアに報道された影響で，同じ試みを実践する仲間も増え，これを支援するNPO『模擬選挙推進ネットワーク』も誕生した。日本の公教育のなかに，政治教育の新しい流れが生まれたと自負している。2002年には超党派の国会議員懇談会の学習会に呼ばれ，模擬選挙の実践についてレポートした。

高等学校だけでなく，小学校・中学校における実践も，近年少しずつ拡大している。国民としての基本的な態度を養成する義務教育であるからこそ，小学校・中学校における模擬選挙の意義は大きい。小学校・中学校は高等学校より地域性が強い。「地方政治は民主主義の学校である」という言葉をもち出すまでもなく，政治教育は何より地域のなかで考えなければならない。そういう意味では，地域における義務教育においてこそ，シティズンシップの教育「模擬選挙」が求められている。

3　模擬選挙をどう行うか

前述したように，模擬選挙の大きな流れは確固たるものである。自信をもって，粘り強く説得すれば必ず道が開ける。「民主主義を支えるためには，投票所に足を運ぶ有権者を育てなければならない。」この目的に反対する人は誰もいないのだから。

①　公平中立に運営する

まず，以上のような模擬選挙の意義をしっかりおさえる。そして，最大のポイントは，特定の党派に有利になるように運営してはならないという点だ。公平中立に行われることが誰にでもわかるように宣伝し，この原則を守って運営することだ。

②　呼びかける対象

模擬選挙の実践例はさまざまな方法をとっている。授業のなかでやる方法もある。教員主催で授業外にやることもできる。公民科の授業を行っている該当学年のみでもいいし，全校生徒対象でもいい。生徒会主催で全校生徒に呼びかけた例もある。新聞部や社会問題研究会など一部の部活主催で呼びかけた例もある。決まりきった方法があるわけではない。やり方は現場の状況や力量に応じて，無理のない範囲で工夫するのがいいと思う。

③　日程の検討と合意形成

選挙管理委員会事務局に問い合わせ，公職選挙の日程を把握し，学校の行事予定や授業計画との兼ね合いを検討する。

授業計画の変更も最小限ですむし，できるだけ本物の選挙と近いかたちでやりたいので，私は授業外の場で，本物の投票日直前の昼休み・放課後に行っている。公職選挙は日曜日が多いので，だいたい金曜日になる。

呼びかける生徒の範囲を決め計画を立てて，管理職・地域教育委員会・各校務分掌との合意形成を確立することが不可欠であることはいうまでもない。全国の模擬選挙の実践例を，新聞記事などで提示しながら説得すると，理解が得られると思う。地域の選挙管理委員会とのコミュニケーションをはかり，協力を依頼する。投票箱の貸し出し・ポスター・選挙グッズの提供など協力してくれることもある。

保護者に趣旨を説明するプリントを配布し，あわせて「各家庭で選挙の話をしてほしい」と依頼する。保護者がどのようなことを考えて投票行動を決めているか，子どもたちに話すように提案するのである。

④　生徒への呼びかけ

行われる選挙の内容と仕組みとを，授業で簡単に説明する。衆議院議員選挙であれば，小選挙区比例代表並立制について。最高裁判所裁判官国民審査も同時にやるとおもしろい。地方選挙であれば，その仕組みについて。

そのときに争点になっている問題について，各政党の意見を整理して説明してもいい。ただし，教員が個人的立場から政治的バイアスをかけることは厳につつしまなければならない。模擬選挙はあくまでも公平・中立に運営するのだ。

選挙公報を各クラスの掲示板や校内各所に張りたいが，選挙公報が新聞折り込みに入るのが投票日の数日前なので，公示日以降の新聞報道を各クラスに張り出す。模擬選挙の意義を説明して地元の新聞販売店に協力依頼する。生徒に対する呼びかけのスタートも，公示日が適当だと思う。もちろん，手に入り次第選挙公報も掲示したい。

各政党のマニフェストを，生徒にインターネットで集めるよう課題を出すのもいいだろう（NPO『模擬選挙推進ネットワーク』に依頼すれば，各政党の選挙ポスター・マニフェストパンフレットなどを集めてくれる）。

選挙の意義を説明し，同時に棄権をしても不利益はないことを説明する。ただし，近年の若者の投票率低下・民主主義の危機については，必ずふれたい。

⑤　ボランティアによる運営

模擬選挙の宣伝活動，投票箱や投票用紙の準備，当日の受付や開票作業も，生徒のボランティアを募って，生徒の「選挙管理チーム」を組織しやってもらうと，模擬選挙のムードもいっそう盛り上がるし，教員の負担も楽になる。ボランティアスタッフの活動に刺激されて，その他の生徒の意識も高まるようである。呼びかけると，興味のある生徒が自然と集まって来て，積極的に活動してくれた。

⑥　投票箱や投票用紙の準備

投票箱は，適当な段ボールの箱に白模造紙を張り，投入口をナイフで開ければ十分である。地域の選挙管理委員会から本物の投票箱を借りて実施した例もある。投票用紙は単なる白紙でも十分である。私は，プリントの裏白紙などを再利用している。総選挙であれば，小選挙区用投票用紙と比例代表用投票用紙とを渡し，それぞれ指定の投票箱に入れてもらい，最高裁判所裁判官国民審査は本物と同様の投票用紙（該当裁判官に×を記入する）を渡し，指定の投票箱に入れてもらう。

投票する選挙区が生徒間で違う場合は，自分の住所の選挙区の選挙を行うこととする。

⑦　会場設営と当日の運営

投票日は前述のように，金曜日の昼休みと放課後。投票場所は，特別教室などを利用するといい。玄関ホールや階段下や昇降口のちょっとしたスペースでやったこともある。人通りの多い場所でやる方が，宣伝効果は大きい。

校内放送で，「今日の昼休みと放課後と，参議院議員模擬選挙を社会科教室で行っています。」などとインフォメーションする。

受付では，生徒名簿にチェックして投票用紙を渡す。だから，当然二重投票はできない（投票率の計算は，生徒名簿のチェックを数えて行う）。

ついたてのある記入所を設置してもいいと思うが，私は会場教室の各机の上に鉛筆を置いておくだけにして，教室の真ん中に投票箱を置く。黒板に選挙公報を張っておく。本物の投票所とは違い，選挙公報を見ながら生徒はわいわい話し合いながら投票することが多い。これは，あくまでも教育の一環として行うことなので，孤独に投票するよりは教育的効果があると考えて，こういう方式でやっている。

⑧　開票と選挙結果の公表

開票集計作業は，投票終了後すぐに行うが，模擬選挙の結果発表は本物の選挙結果が出た後，つまり翌週のはじめまで公表しない。これは，人気投票を禁止している公職選挙法に対する配慮でもある。

⑨　公職選挙法の「人気投票禁止」には抵触しない

東京都選挙管理委員会は，教育活動のなかで行われる模擬選挙は人気投票を禁止している公職選挙法には違反しないという見解を示している。2002年の明るい選挙推進委員会主催の全都学習会に，私は招待され模擬選挙の実践についてレポートした。2006年に日本選挙学会は私にシンポジュウムのレポートを依頼し，公教育における模擬選挙を全国に拡大することをめざそうと確認した。神奈川県と県教育委員会とは，県選挙管理委員会の協力を得て，2007年参議院議員選挙から，全県の公立学校における模擬選挙をスタートさせる予定である。

若者の選挙離れをどうくい止めるかは，社会全体にとってまさに緊急の課題であり，地域の人々は公教育の模擬選挙に熱い期待を寄せている。

⑩　みなさんのアイディアを生かして

以上に示したのは，私の実践例をベースにしたモデルであって，これにとらわれる必要はない。みなさんのアイディアを生かして，ユニークな模擬選挙にトライしてほしい（何かあれば，相談に乗ります。matuda@lilac.plala.or.jp　前述のNPO『模擬選挙推進ネットワーク』http://www.mogisenkyo.com も応援してくれます）。

4　日本の政治がレベルアップする鍵――家庭での対話

本物の選挙結果と模擬選挙の結果とが出そろったところで，授業のなかでこの経験をまとめること，感想などを集約することは，それぞれの状況に応じてやれる範囲で工夫してほしい。私は，最後に必ず「投票所に足を運ぶ有権者になって欲しい。選挙が民主主義の基礎だ」と結んでいる。

生徒の感想をしっかり聞いて，次の模擬選挙に生かすといいだろう。そして，できれば保護者の感想も聞いておきたい。私の経験では，生徒が意外と家庭で保護者と模擬選挙の話をしていることがわかった。一般に大きく成長する思春期の子どもと親との対話は，非常に微妙で難しく喧嘩に終わることが多いが，選挙の話は不思議と立場が違っても喧嘩にはならないようだ。「模擬選挙のおかげで，久しぶりに我が子と対話出来て楽しかった」という感想を，私は多くの保護者からいただいた。「子どもにえらそうなことを言った手前，棄権するわけにはいかず，しっかり投票しちゃいました。」という報告もあった。

私はこう考えている。

「選挙投票率がアップして，日本の政治がレベルアップする鍵は，家庭のなかで家族が政治の話をすることにある。」

国会議員の学習会でも，日本選挙学会でも，私は同じことを言った。

公教育における模擬選挙の取り組みが，日本の政治をレベルアップするきっかけになってくれることを期待して，この試みを広げていこう。

第19章　憲法改正模擬投票の授業

杉浦真理

1　主権者へのトレーニングを

憲法教育については，かねてから教員の講義中心の条文解釈では，主権者として行動する生徒を育てることができないと考えてきた。そこで私の所属する立命館宇治高校では，3，4年前から国政選挙の模擬投票に取り組んできた。参議院選挙，衆議院選挙について生徒が政党を分析し，メールで政党本部に質問し，自分たちの関心のある論点（年金，憲法改正問題など）を調べ，理解したうえで投票するという，通常の模擬投票の発展型である。焦眉の課題である憲法改正問題についても，模擬投票のかたちでできないかと，以下のように構想し実践してみた。

2　憲法改正の模擬投票の授業の流れ

①　憲法改正原案づくり（グループ＝模擬政党分けと，「国会議員」の選出）

週3回の授業（2年「政治経済」3単位）で，10月から憲法学習を始め，週3回の授業のうち1回程度を図書館での条文の検討にあて，最後に投票をして12月終了という予定を組んだ。

まず，以下の3点について調べ，自分たちの意見をつくらせた。

1　憲法で守りたい条文　　　　2　憲法で変えたい条文

3　付け加えたいものは何か

なるべく「主義主張」が近い生徒をグループにする方がやりやすいと判断し，私のホームページにある「立場ゲーム」（http://sakidatsumono.ifdef.jp/draft3.html）

をやらせて，グルーピングし，5～6人で6つのグループをつくらせた。この「立場ゲーム」では，50 問程度の質問にイエスかノーを入れていくと，経済軸と政治軸ごとに，リベラルと保守の段階が示され，自分の思想的位置が xy 軸で表示される。

そのうえでグループから1人，憲法改正の案文を「国会」で発議検討する権利をもつ者（いわば「国会議員」）として選出した。各国会議員は自分のグループと相談し「守りたい条文」を提示し「変えるべき条文，付け加えるべき条文」の案文をつくり，それをまとめて各班の「憲法改正原案」ができあがった。

②　憲法改正案づくりの議論

憲法改正原案は，現憲法で守るものと，変えるもの，新規条文に分類したも

資料 19.1　原案提出段階での憲法改正案の「守る」「変える」「新規」の分類（数字は提出班の数）

	守　　る	変　　え　　る
第1条	1（明治憲法下のようにならないように）	1（国民主権を明記して最初に置く）
第9条	4	2（自衛と人道支援のために戦力の保持） 1（集団的自衛権の保持を明記） 1（わかりにくいから）
第10条		1（国籍条項出生地主義に）
第13条		2（プライバシー，情報公開の権利を追加） 1（情報公開権を追加）
第11～35条	1（権利は改正してはならない）	
第20条	1（靖国問題を防ぐため）	
第21条		1（プライバシー保護規定を追加）
第93条		1（地方参政権を外国人に認めるべき）
第96条		1（国民投票まで半年の時間保障，過半数から3分の2に） 1（総議員3分の2→2分の1，国民投票過半数→3分の2）

新規　・環境権（13条，25条では不十分）
・犯罪被害者の権利（人身の自由とのバランスを取る）
・プライバシー権
・知る権利

のである。第９条が「守るべき」もののなかで一番多く，６班中４班が支持した。

また第１条をめぐっても班によって，以下のようなスタンスの違いが出た。

Ａ班「天皇の条項である現在の第１条では，国民主権をはっきりわかる形で書いていないから，第１条を国民主権をきちんと書いた形にすべきだ。」

Ｂ班「変えることで大日本帝国のようになってしまう可能性があるから，今の第１条を護るべきだ。」

新設条文では，環境権，プライバシー，知る権利，犯罪被害者の権利などが提案された。これは社会の動向と一致している。

国会議員以外のグループメンバーは自分の班の改正案を，パワーポイントを使って準備をした後，コンピュータ教室でプレゼンテーションを行った。

③　憲法改正投票のルール（国民投票法（改憲手続き法））を考える

与党の国民投票法案要綱ができてきたのでそれを生徒に配布した。そのうえで，この法案の示す方法は，「公平で民主的な手続きだろうか？」と問いかけた。

まず，「国民の過半数」とは何を指しているのか？　生徒からはさまざまな意見が出た。人口の，有権者の，投票数の，有効投票の過半数など。多数は「有権者の過半数」だったが，次のような意見も出た。「日本で生まれた在日朝鮮韓国人，在日中国人を含めてよいのでは」「日本での居住年数の長い外国人はどうか」「18歳から投票できるように」など。一部に，無効票は，有権者の過半数から除くという意見も出たが，生徒たちは，自分たちの憲法改正模擬投票については，無効票は「反対」の票とみなすと決めた。

また，国民投票法案が通ると，教師や公務員は立場上国民投票運動をできなくなる。今やっているような，憲法のあり方を考える授業もできなくなるかもしれない。多くの生徒は，「こういう絶好の憲法を勉強する機会を奪うのはおかしい」と考えた。

④　講演「憲法とは何か」

模擬投票の前に伊藤真氏（伊藤塾塾長）に来ていただき，２年生全員に「憲法とは何か」というテーマで話していただいた。この話がほぼ憲法授業のまとめとなり，憲法が権力者を縛るものということを再確認できた。

⑤　政治的妥協，そして国民主権の強化

この後，生徒による国会での憲法改正案の討議が始まった。

一番白熱したのは憲法第9条であった。反対の班が3分の2を占めていた（国会議員も3分の2が反対となる）ので，第9条は改正案にならないと思っていた。ところが，改正を主張する国会議員が非常に強い意志をもち，また「政治的に

資料 19.2　生徒憲法改正案

①第9条　現行文（戦争放棄）日本国民は，正義と秩序を基調とする国際平和を誠実に希求し，国権の発動たる戦争と，武力による威嚇と武力の行使は，国際紛争の解決の手段としてはこれを放棄する。

第2項　前項の目的を達成するため，陸海空軍はこれを保持しない。国の交戦権はこれを認めない。

改正条文，第1項，第2項は上記のまま

第3項に「前二項を原則としたうえで，戦争による被災地への人道支援，平和協力活動を目的とした場合のみ自衛隊を海外に派遣することを可能とする。」を第9条に追加する。

②第10条　現行文（日本国民の要件）日本国民たる要件は，法律でこれを定める

改正条文　第1項は上記に同じ

第2項に，「日本国で生まれて日本で15年以上育ったものは日本国籍の取得を可能とする。」を第10条に追加する。

第40条（刑事補償）など人身の自由に続けて

③第X条　犯罪被害者の尊重

すべて犯罪被害者は，立法その他の国政の上でその権利利益の保護が図られなければならない。（新規追加）

④第Y条　被害者補償

犯罪被害者が受けた経済的損失については，被告人に資力がないときは法律に定めるところにより，国にその補償を求めることができる。（新規追加）

⑤第96条現行文（憲法改正の手続き）「この憲法改正は各議院の総議員の3分の2以上の賛成で，国会がこれを発議し，国民に提案して承認を経なければならない。この承認は特別の国民投票または国会の定める選挙の際に行われる投票においてその過半数の賛成を必要とする。」

改正箇所は，発議（各議院の総議員　3分の2以上→2分の1以上の賛成）

国民の承認（　　国民　　過半数　　→3分の2以上の賛成）

老練」であった。なんとか自分たちの意向を入れようと改正派をまとめて結束し，資料 19.2 の第９条改正案になった。

現行第９条の１，２項は変えない。そして３項を加え「人道支援，平和協力」での自衛隊の海外派遣を認めるという案である。今の与党案の「１項を変えず，２項だけ変える」という内容をさらに「後退」させたわけである。なんとこの政治的妥協で３分の２の支持を得てしまった。政治教育では対立する意見を理解したり，自分の意見を表明することも大事だと思ってきたが，このような「政治的妥協」についての政治教育も必要かと，目を開かされた。

第 10 条では，国籍要件として「日本国に生まれついて且つ 15 年以上育ったものは日本国籍の取得を可能にする」が改正案に盛り込まれた。私は「国籍法改正でできるのではないか？」と聞いてみたが，ある国会議員は反対した。生徒のなかに在日朝鮮人がいて，その生徒たちが投票できないことを避け，同じ教室の仲間の投票権を保障しようとする思いがこのような動きになったと思われる。

第 40 条の「人身の自由」の後に新しい条文を追加し，犯罪被害者の権利を盛り込む案ができた（X 条と Y 条）。殺された人の家族が困ることがあるので，「もし被告人に資力がない場合，国に経済的損失について補償を求めることができる」など。

第 96 条の改正はユニークだった。その内容は，国会の発議というハードルについて，「３分の２」以上の賛成を過半数にしたい。その理由は，国会のなかだけで憲法が「判断される」のではなく，自分たち（国民）が憲法改正の可否をなるべく判断できるようにしたい。それが主権の行使だと考えた。その代わり，国民の過半数ではだめで，３分の２くらいの賛成がないと改正できないといういわば「国民主権」を強める改正案である。

⑥　投票結果と一括投票の問題

可とするものは○，非とするものは×として投票したが，一人だけ△がいた。冗談めいて「誰や？」と言ったら手があがった。ドイツ人の留学生で，「今大事な日本国憲法を変えるのに自分が参加したら悪いから△を書いた」と答えてくれた。

最後に，私が生徒の了解なしに投票用紙に織り込んだのは，「この憲法改正条文について一括判断」だった。一括投票については，生徒も悩んだようだが，投票後聞いてみると，やはり第9条を守りたいから「改正反対」にしたという声が多かった。逐条式では，9条改正は×が多く，10条と40条の追加条文（X，Y条）と96条の改正は○が多かった。

3　事前教育と，主権者としての意識形成をうながす方法

以上のような実践の前段階を説明しておきたい。

①　憲法前文を書いてみる

まず1学期の5月。憲法記念日を意識してゴールデン・ウィークの課題として，「自分の言葉で憲法前文を書く」という取り組みをした。大塚英志の『読む。書く。護る。＝「憲法前文」のつくり方』に触発されたのだ。生徒が書いたものを冊子にまとめ「京都夏の平和のための戦争展」で展示した。これが第一のステップだった。平和主義をさらに進めていこうという生徒が多かった。

憲法を自分の言葉に言い換えて，たとえば「夢の憲法前文　日本国民は政府の犬ではないし，ましてや言いなりになったりしない。いつ何時どういう状態に陥っても国を作るのは国民である」と書いた生徒もいた。

②　講義式授業も大切（人類の知識，知恵の確認　立憲主義の授業）

模擬投票の事前教育は絶対必要である。そのときに重視してきたことは，憲法99条から授業をはじめるということである。すると約6～7割の生徒は，国民にも義務があるのだということを思っている。でも99条のなかに，憲法は誰のためにあって，誰が利用するのかが明確に現れている。つまり憲法というのは権力者を縛るために国民が編み出したすばらしい知恵である。だから国民は守らせる立場で，守る義務はないのである。つまり憲法尊重義務があるのは政治権力者である。この点を最初から最後まで外さず，この授業を展開した。

私の授業プリントは，次に近代民主主義社会の権利目録は何か，憲法とは何かというところで99条の説明をして，世界のいろいろな統治のあり方，立憲

主義って何かということを話すのである。ここでとても参考になるのは『明快！日本国憲法』（伊藤真　ナツメ社，2004年）である。そのなかで「立憲主義」とか「社会契約論」とか，近代的な憲法がどのようにして生れてきたのかなどに答えながら授業を展開するのである。

③　人権を求める人々の足取りと未来を築く主権者としての視座（講義やディベート）

18世紀から20世紀の人権の発展をめざしてということで自由権，社会権，新しい人権というふうに人類が人権を発展させてきたという歩みを振り返りながら，憲法条文にそれがどう活かされているかということで，憲法条文の検討とそれにかかわるさまざまな裁判を取り上げてゆく。

そして靖国問題についてはディベートもする。そのときの資料として日中韓共同でつくられた『未来をひらく歴史』（高文研，2005年，206-207頁）とともに，靖国神社の出している『靖国百科』パンフ（靖国に行くともらえる）を説明し，その両方を見ながら，ディベートの授業をした。また，『靖国問題』（高橋哲哉　ちくま新書，2005年）と『靖国問題』（上坂冬子　文春新書，2006年）を読み比べさせることも大事である。

社会権のところでは，戦後，朝日訴訟だけでなくさまざまな社会保障にかかわる裁判がたくさんあるので，裁判を通して人権を守るという取り組みを戦後60年いろいろな人がやってきたことの気持ちを生かしながら，憲法を守るということはどういうことなのかという授業をするのである。

平和主義は一番の争点なので，平和主義のところを教員があまり詳しくはやらず概括的に戦後自衛隊はどんなふうになってきたかを整理するような授業をして，生徒のディベートをその後行っている。

④　主権者に育つとき，ステージの有効性

こういう作業を通じて主権者を育てていく。それは単に知識を与えればいいということではなく，実行するステージを用意し，国会議員模擬投票もそのステージだと思うのだが，最終的に投票という判断をしなければいけない。判断をするというところで自分の責任を含めて考えていく，意思決定してゆくというステージができる。社会科の教員はいろいろな場所でさまざまなステージを用意し，過程を重視して学習することが大切である。そのなかで民主主義の前提としての立憲主義や国民主権が君主主権，国家主義の歯止めになることを，人類の歴史をふまえて扱っておきたい。そうすることが，仮に数年後に憲法改正の投票案があったとしても生徒は立憲主義の立場に立って健全に判断してくれるのではないか，安易に時流にまかせて現実に憲法を添わせるだけでなく，人類の理想と，その発展を夢見る人として振る舞う生徒を育ることができるのではないかと願っているのである。

私の授業　レポートづくり

二谷貞夫

社会科教育法・地理歴史科教育法では，レポートを課すことが多いが，どんな目的をもって行うだろうか。歴史教育の目標として，歴史意識や歴史認識あるいは歴史観をつくることが掲げられる。歴史の見方や考え方をつくるともいう。それは，社会認識の形成ともかかわりあう。日々生活していて，歴史的に物事をとらえるためには，歴史意識・社会意識が備わっていることが求められる。そうした社会意識・歴史意識を備えるためには，日々新聞を読んだり，世界や日本の動向をニュースなどで考えたりすることが求められる。

社会科教育法や地理歴史科教育法を通じて，こうしたことに気づかせる必要がある。新聞を切り抜くように勧めたり，授業期間中に新聞の切抜きを作業として行わせたりもする。その際，テーマを決めて，全国紙を２つと地方紙を１つの３紙を同時に切り抜いてみる。そうすることで同じテーマでも，あるいは同じ事件でも新聞によって，とらえ方が異なっていることに気づき，社会意識というものに気づく。

自分史をテーマにレポートを作成するのは，歴史意識に気づくことにつながる。自分が生まれてから，20歳なら，20年間の世界と日本の動きを含めて，自分が何をしてきたか。さらに，家族史・戦後史などを衣食住などの家庭生活の変遷で書いてみる。歴史は身近なものになる。世界史・日本史と向き合うためには，自分史を核として展開することが大切である。

また，講義もするだけでなく，小レポートを終了時に課す。一こまの講義に対して，受講者には感想を書かせることが多いが，１．この講義で学んだことは何か，２．自分にとっての課題は何か，の２つの事柄について，10分ぐらいで書かせる。

どこまで歴史と向き合えるかが小論文の課題になる。事例をあげておこう。

講義１：世界史の構成について

明治以降の世界史教育におけるヨーロッパ中心史観の世界史像を学び続けてきたことからどのように脱却した世界史学習の観点を築いてきたかを推し量ることにした。

高校で世界史を学習してきたＮさん（男性）の一文を掲載したい。

「高校で学んだ世界史を今改めて見直してみると，知らず知らずのうちにヨーロッパ中心史観を植え付けられていたことが感じられた。そのため，今でも世界史というと外国史という印象を強く受けてしまっていたが，世界史の構成を見直すとこういった印象を変えることができるのではないかと感じた。同時代全地域の把握という手法や地域から同時代全地域の把握という手法が望ましいということを新たに聞いたが，生活空間の歴史から全体的な歴史へと視野を徐々に広げていくことは，社会科教育においても非常に重要なことになってくるのではないかと思う。ヨーロッパ中心史観になりがちな教科書に頼りすぎるのではなく，身近なものから理解を深め，そして世界のものへと視野を広げていくような考え方をしていくことが世界史教育のみならず，社会科教育においても大切だと思うので，こういった考え方を頭に入れておきたい。」

彼の感想は，第1回目の講義に対する感想としてよく表れるものの典型である。自分たちの学んできた世界史がヨーロッパ中心史観であって，世界史は唯一これだったはずなのに，そうでない世界史もあるということなのかという疑問がわいてくる。「自分にとっての今後の課題は，まず「世界史」というものの意味についてしっかりと認識することである。世界史イコール外国史でないなど今回聞いた言葉の意味だけでなく，本当に納得できることである。」とTさん（男性）は，世界史とは何かに関心をもってくれた。

Hさん（女性）の全文を紹介したい。授業者の意図を十分に吸収している。

「世界史教育，歴史教育，社会科教育を通して，公民的資質の形成を目指していくには，ヨーロッパ中心史観を克服しなければならないと言うことを学んだ。外国史のなかに日本史を含んで捉えた上で，世界史と自国史を統一的に把握していくということの必要性も感じた。私自身きちんと世界史の概念ができあがっていなかったので，西洋史，東洋史の両周辺として扱われていたイスラム世界は，本文中にもあったが（引用した三木論文），いつも「突如」としたものであって，「暗黒」だった。今後は，世界史＝外国史ではなく，常に自分自身も地球市民の一人であることを自覚した上で，グローバル化，反グローバル化のなかで生きていくことを考えながら，世界史を捉えていくことを課題にしたい。歴史があらわされる時，何らかの意図が生じるのだということも改めて，肝に銘じておきたいと感じた。「世界史」を学びさえすれば，国際的な視点が得られると思いがちであるが，その学び方，構成，捉え方を見極める必要性も今日の講義から学んだ。」

下線部の締めの一文は，とくに世界史学習の意図をくみ取っている。

Sさん（男性）は「ヨーロッパ中心史観をすべてぬぐいさることは不可能であるが，非ヨーロッパ中心史観，多角的な視点から世界史を見直すことが課題である」と結んでいる。このような視点でのとらえや世界史と自国史の統一的把握を課題とする学生の感想が多い。

講義２：シルクロード学習

陶磁器の運搬について，船で運んだことを知って驚き，「港として使われたところでは，陶磁器の破片が見つかるのだなと思った」と納得している。ラバンソーマの話は，すべての学生が知らない。「マルコポーロは誰の使節でどこまで言ったかなど詳しく聞いたが，ラバンソーマはほとんどでてきませんでした」とある。

シルクロード史観には，農耕民族優位史観があるという説明をしたが，「農耕民族優位史観では，遊牧民狩猟民などを軽視しがちである。お互いに依存しながら生きていることを考えなければならない」と Si さん（男性）は結んでいる。

森林民・草原民・オアシス民などの存在を知り，遊牧民が去勢技術を知って自立した生業を営むようになった話には，「目ウロコだ！」などはじめて聞いたという感想が多かった。どうもシルクロード史観―東西交渉史観―ヨーロッパ中心史観のシルクロード史像でしかないことが明らかになった。前出の H さん（女性）の感想を全文取り上げてみよう。

「自分は，なんて狭いものの見方しかしてこなかったのだろうと，先生のお話を聞いて，驚くことばかりだった。確かに，西の人が東へ旅行して西へ帰っていった話はよく聞くが，当時東から西へ行った人がいたということは，聞いたことがなかった。よくよく考えれば，道がある以上その上を，物が，情報が行き交うのは，当たり前のことなのに，今まで，考えて見る機会がなかった。また私はいつも横の（東と西）関係でしか捉えていなかったことに気づかされた。シルクロードは“絹を運んだ道”としか認識のなかった私にとって，今日の講義を通じて，限りなく広いものとなり，それを表現しようとするときも，当時の世界情勢やヨーロッパ中心主義の見方が含まれてしまうことは，意外な事実であった。これからは東西南北の多様な方向に目を向け，たくさんの物と政治的な意図を多大に含んだ情報が行き来したユーラフロアジア世界の中のシルクロードとして意識していきたいと痛感した。」

世界史学習の意義を自覚しつつまとめられた感想である。

資　料

1　戦後の教育と社会科の動向

年	文部（文科）省関係	社会科と教科書
1945		・GHQ，修身・日本歴史・地理の授業停止・教科書回収
1946		・民科（民主主義科学者協会）創立・文部省編集「くにのあゆみ」
1947	■**学習指導要領（試案）**→	実施・「あたらしい憲法のはなし」・小中で社会科授業開始・63 制
1948	・指導要録改訂	・新制の高校
1949		・歴教教（歴史教育者協議会）創立　・検定教科書使用開始
1950		
1951	■**学習指導要領（試案）**	実施
1952		・教科研（教育科学研究会）再建
1953		
1954		
1955	■**小中社会科指導要領改訂**・指導要録改訂（相対評価）→実施	・社会科教科書偏向批判←
1956	■**高校指導要領改訂**→	実施・教科書調査官任命，教科書の国家的統制，検定強化←
1957		
1958	■**学習指導要領（小中）告示**	郷土・国に対する愛情，道徳の特設，日の丸君が代　**道徳**実施
1959		
1960	■**学習指導要領（高）**	
1961	・指導要録改訂（相対評価）	→小実施（道徳は社会科の指導を通して深める）　・全国一斉
1962		→中実施
1963		→高実施（倫理社会の新設）
1964		
1965		・家永教科書訴訟
1966	・中教審「期待される人間像」（正しい愛国心，象徴に敬愛，優れた国民性を伸ばす）←	
1967		
1968	■**学習指導要領（小）**	←
1969	■**学習指導要領（中）**	
1970	■**学習指導要領（高）**	・家永教科書訴訟「杉本判決」国民の教育権
1971		→小実施
1972		→中実施（地歴π型実施，クラブ必修）
1973		→高実施 1975
1974		
1975		
1976		・最高裁学テ判決
1977	■**学習指導要領**（中学で選択教科導入，君が代を国歌と規定）←	

2011.9　大野一夫　作成©

政治・社会		その他	
・婦人参政権	**東久邇・幣原**	・大戦終結	1945
・日本国憲法発布	**吉田**	・東京裁判	
教育基本法・学校教育法・憲法施行	**片山**		
・教育委員会法公布　・祝日法	**芦田・吉田**	・ベルリン封鎖	
・下山，三鷹，松川事件		・中華人民共和国成立・NATO	
・教員レッドパージ　・警察予備隊 ◀		・朝鮮戦争	1950
・マッカーサー日本再軍備を説く ▶		・対日講和条約，安保条約	
・保安隊に改組			
		・池田ロバートソン会談・朝鮮戦争休戦	
・自衛隊の発足	**鳩山**	・ビキニ水爆第5福竜丸被爆	
・民主党「憂うべき教科書問題」◀		・アジアアフリカ会議	1955
・文相「教基法は国家に対する忠誠心ない」　・新教委法	**石橋**	・日ソ共同宣言，日本国連加盟	
・自民党「紀元節復活を決める」	**岸**	・ソ連，人工衛星	
・勤評闘争			
・砂川事件，米軍駐留違憲伊達判決→最高裁破棄			
・文相「教基法改正を主張」　・安保反対闘争激化	**池田**	・アフリカ独立（17か国）	1960
学力テスト			
		・キューバ危機	
・政府主催「第1回戦没者追悼式」			
・東京オリンピック	**佐藤**	・中国初の核実験	
・建国記念日審議会設置		・日韓基本条約	1965
・政府，紀元節復活法案，審議会2月11日と諮問			
・2.11「建国記念の日」実施		・ヨーロッパ共同体	
・明治百年記念式典			
・学生運動が激化			
・公害問題が深刻に　・大阪で日本万博		・米軍，北爆再開（ベ）	1970
		・米，金＝ドル交換停止	
・沖縄返還	**田中**	・米中共同声明，日中共同声明	
・西岡（自民）「教基法改正を主張」　・石油危機		・第4次中東戦争・円，変動相場制	
・田中「教育勅語いい，25年前に教基法改正できていれば」	**三木**		
・三木「靖国神社参拝」		・ベトナム戦争終結	1975
・ロッキード事件・田中前首相逮捕	**福田**		
・福田「戦前の教育制度が今日の日本をつくった」			

1978	■**学習指導要領(高)**	
1979		
1980	・指導要録改訂(相対と絶対)	小実施
1981		中実施　・教科書は権利ばかりのキャンペーン
1982		高実施(現代社会新設)・中学歴史，侵略か進出か(アジアからの批判)
1983		
1984		・臨教審発足
1985	・臨教審答申(日本人としての自覚)	
1986		・新編日本史(高校)
1987		
1988		
1989	■学習指導要領(国旗国歌強制，新しい学力観)	
1990		
1991	・指導要録改訂(相対と絶対)	・小学校教科書に「国旗国歌」の記述
1992		小実施(生活科始まる)
1993		中実施(選択社会始まる，必修時間削減)
1994		高実施(社会科解体)
1995		
1996		・教科書慰安婦記述への攻撃
1997		・新しい歴史教科書を作る会発足
1998	■**学習指導要領**(愛国心強化，総合的な学習)	
1999	■**学習指導要領(高)**	
2000		・教育改革国民会議「教基法改正へ」　・森「神の国」
2001	・中教審(絶対評価)	小，社会の通知表に愛国心(福岡など)　・つくる会教科書採択へ
2002	・中教審，教基本法見直し	小中実施(中学選択拡大，必修削減)　・学校5日制実施・心のノート
2003		高実施　・君が代強制広がる
2004		・学力低下が問題化
2005	・中教審，学力問題見直し	・つくる会教科書2度目の検定合格，採択へ
2006		・教育再生会議　・教基法改正案批判
2007		・全国一斉学力テスト・教育三法改定・沖縄戦検定(集団自決削除)
2008	■**学習指導要領**・中教審答申(反復学習，道徳化，教科時数増)	
2009	■**学習指導要領(高)**	・つくる会自由社版教科書横浜市で採択
2010		・全国一斉学力テスト(抽出)・高校授業料無償化
2011		・中学校教科書検定(育鵬社・自由社合格)

	大平	・日中平和友好条約	
・元号法公布施行		・米中国交回復	
・自民党の教科書批判，奥野(自民)「教科書に愛国心がない」	鈴木	・イランイラク戦争	1980
・国会で教科書論争，自民「国定化を目指し教科書制度見直し」			
・教科書に近隣諸国条項を認める	中曽根		
・中曽根「日米運命共同体」			
・中曽根「戦後政治の総決算」 ・中曽根，靖国神社参拝			
		・プラザ合意	1985
		・ソ連チェルノブイリ原発事故	
→ ・国鉄分割民営化	竹下		
・リクルート事件			
・昭和から平成へ	海部・宇野	・冷戦終結	
		・東西ドイツ統一	1990
・元慰安婦ら国会賠償を提訴	宮沢	・湾岸戦争・ソ連解体	
・政府，軍の慰安婦関与認め謝罪 ・PKO 法		・ユーゴ内戦	
・細川，侵略を反省・自民，歴史検討委員会・凶作	細川		
・読売，改憲試案・社会党内閣・小選挙区制導入	羽田・村山	・アパルトヘイト廃止	
・国会，50 年決議・経済同友会「教育の民営化」		・阪神大震災，サリン事件	1995
・藤岡「慰安婦問題は日本人の誇りを傷つけるので教科書から削除せよ」	橋本		
・金融破綻相次ぐ		・香港，中国へ返還	
・町村「歴史教科書は偏向」	小渕		
・小渕「教基法見直しに着手」 ・国旗国歌法成立		・欧州，ユーロ	
発言・国会に「憲法調査会」発足	森	・朝鮮半島，南北首脳会談	2000
・小泉「靖国神社参拝」 ・中央省庁再編	小泉	・9.11 米国テロ・アフガン戦争	
・小泉「靖国神社参拝」		・北朝鮮，日本人拉致認める	
・小泉「靖国神社参拝」 ・政府，米国のイラク戦争支持		・イラク戦争	
・小泉「靖国神社参拝」 ・政府，イラクに自衛隊派遣		・スマトラ沖地震津波	
・小泉「靖国神社参拝」 ・衆院選，自民郵政民営化で圧勝		・温暖化で自然災害多発	2005
・**「改正」教基法成立** ・防衛省へ・小泉「靖国参拝」	安倍	・イラク戦争泥沼化	
・改憲手続法 ・参院選，自民党惨敗・安部政権放棄	福田	・サブプライムローン問題	
・福田政権放棄 ・株価暴落	麻生	・北京五輪・世界同時不況	
・雇用深刻 ・ソマリア沖派兵 ・政権交代	鳩山	・米国オバマ大統領	
・沖縄普天間基地問題	菅	・ギリシャ財政破綻	2010
・震災後の復興問題 ・脱原発問題	野田	・東日本大震災，福島原発事故	

2　中等社会科の変遷（教科・科目・分野の変遷図）

特　徴	時　期	学習指導要領の改訂
初期社会科	第1期 1947年版 （試案）	学習指導要領社会科編Ⅰ（1947.5.20） 学習指導要領東洋史編（1947.7.16） 学習指導要領西洋史編（1947.7.16） 学習指導要領社会科編Ⅱ（1947.7.25） 学習指導要領人文地理編（1947.7.25） 小学校社会科学習指導要領補説（1948.9.15）
	第2期 1951年版 （試案）	小学校学習指導要領社会科編（1951.7.10） 中学校高等学校学習指導要領社会科編Ⅰ（1951.12.5） 中学校高等学校学習指導要領社会科編Ⅲ(c)人文地理（1952.2.20） 中学校高等学校学習指導要領社会科編Ⅲ(a)日本史，(b)世界史（1952.3.20） 中学校高等学校学習指導要領社会科編Ⅱ――一般社会科，中学校日本史（1952.10.20）
知識（系統）主義の社会科	第3期 1955年	小学校学習指導要領社会科編（1955.2.11） 中学校学習指導要領社会科編（1955.2.11） 高等学校学習指導要領社会科編（1955.10.14）
	第4期 1958年版 （官報告示）	小学校学習指導要領（1958.10.1） 中学校学習指導要領（1958.10.1） 高等学校学習指導要領（1958.10.15）
	第5期 1968年版 （官報告示）	小学校学習指導要領（1968.7.11） 中学校学習指導要領（1969.4.14） 高等学校学習指導要領（1970.10.15）
再興期の社会科	第6期 1977年版 （官報告示）	小学校学習指導要領（1977.7.23） 中学校学習指導要領（1977.7.23） 高等学校学習指導要領（1978.8.30）
再編期の社会科	第7期 1989年版 （官報告示）	小学校学習指導要領（1989.3.15） 中学校学習指導要領（1989.3.15） 高等学校学習指導要領（1989.3.15）
総合学習時代の社会科	第8期 1998年版 （官報告示）	小学校学習指導要領（1998.12.14） 中学校学習指導要領（1998.12.14） 高等学校学習指導要領（1999.3.29）
	第9期 2008年版 （官報告示）	小学校学習指導要領（2008.3.28） 中学校学習指導要領（2008.3.28） 高等学校学習指導要領（2009.3.9）

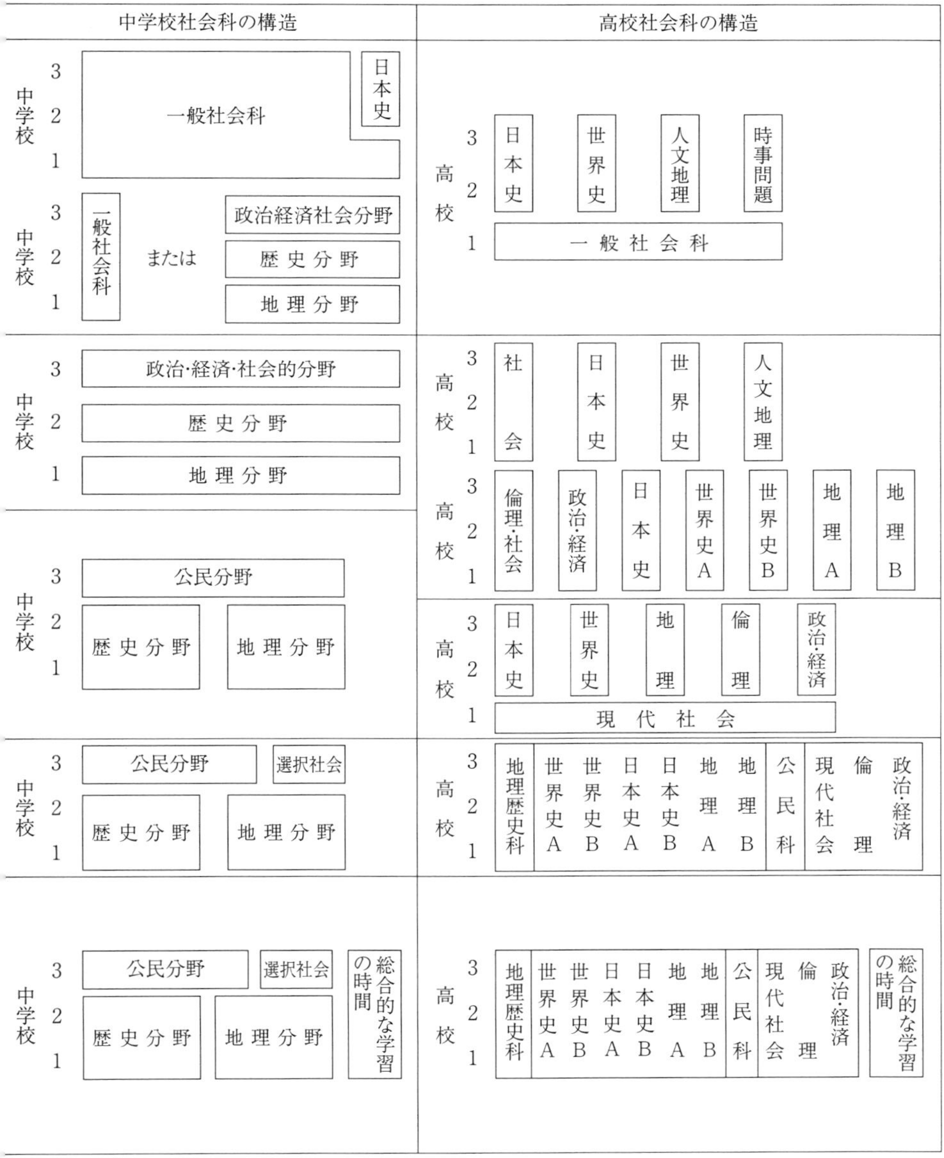
中学校社会科の構造
高校社会科の構造
中学校
3
2
1
一般社会科
日本史
一般社会科
または
政治経済社会分野
歴史分野
地理分野
高校
日本史
世界史
人文地理
時事問題
一般社会科
政治・経済・社会的分野
歴史分野
地理分野
社会
日本史
世界史
人文地理
倫理・社会
政治・経済
日本史
世界史A
世界史B
地理A
地理B
公民分野
歴史分野
地理分野
日本史
世界史
地理
倫理
政治・経済
現代社会
公民分野
選択社会
歴史分野
地理分野
地理歴史科
世界史A
世界史B
日本史A
日本史B
地理A
地理B
公民科
現代社会
倫理
政治・経済
公民分野
選択社会
総合的な学習の時間
歴史分野
地理分野
地理歴史科
世界史A
世界史B
日本史A
日本史B
地理A
地理B
公民科
現代社会
倫理
政治・経済
総合的な学習の時間

3　参考文献

〈事典・辞典〉
日本社会科教育学会編『社会科教育事典』ぎょうせい，2000 年。
森分孝治・片上宗二編『社会科重要用語 300 の基礎知識』明治図書，2000 年。
大森照夫・次山信男・谷川彰英・佐島群巳編『社会科教育指導用語辞典』教育出版，1986 年。
澁澤・芳賀・柿沼編代表『新訂　中学校社会科指導事典』（全３冊）とうほう，1992 年。
〈行政資料〉
文部科学省『中学校学習指導要領解説－社会編』2008。
文部科学省『高等学校学習指導要領解説　公民編』2010。
文部科学省『高等学校学習指導要領解説　地理歴史編』2010。
文部省『指導計画の作成と学習指導の工夫　高等学校公民指導資料』海文堂，1992 年。
〈実践資料〉
地理教育研究会編『授業のための日本地理』古今書院，2003 年。
地理教育研究会編『授業のための世界地理』古今書院，2006 年。
歴史教育者協議会編『平和博物館・戦争資料館ガイドブック』青木書店，2004 年。
歴史教育者協議会編『歴史教育 50 年のあゆみと課題』未来社，1997 年。
歴史教育者協議会編『歴史地理教育実践選集』（全 37 集別巻１）』新興出版社，1992 年。
全国民主主義教育研究会編『私たちの政治経済読本』地歴社，2002 年。
全国民主主義教育研究会編『私たちの倫理読本』地歴社，2002 年。
〈研究資料〉
日本社会科教育学会編『社会科教育文献目録　第１集 1946-1967』1969 年。
日本社会科教育学会編『社会科教育文献目録　第２集 1968-1979』1980 年。
日本社会科教育学会編『社会科教育文献目録　第３集 1980-1989』1990 年。
日本社会科教育学会編『社会科教育文献目録　第４集 1990-1999』2000 年。
日本社会科教育学会『社会科教育研究』（学会誌，1953-）。
全国社会科教育学会『社会科研究』（学会誌，1986-）。
公民教育学会『公民教育研究』（学会誌，1993-）。
朝倉隆太郎編集代表『現代社会科教育実践講座』（全 21 巻）ニチブン，1991 年。
歴史教育者協議会編『歴史教育・社会科教育年報』（各年版，1991-）三省堂。
上田薫編集代表『社会科教育史資料』（全４巻）東京法令，1974 年。
勝田守一『戦後教育と社会科』（勝田守一著作集１）国土社，1972 年。

執筆者紹介

（現職は 2011 年 9 月現在）

相澤　善雄（あいざわ　よしお）
地理分野世話人［第 3 章］
1947 年東京都生まれ
（現職）都立南多摩高校非常勤教員，拓殖大学・明海大学講師（非常勤）
（主な著書・論文）『地理授業研究』古今書院，他

大野　一夫（おおの　かずお）
歴史分野世話人［第 4 章，私の授業，資料 1］
1947 年東京都生まれ
（現職）千葉大学・東洋大学講師（非常勤）
（主な著書・論文）『新・中学校公民の板書』『歴史の授業と板書』地歴社，『仕事の絵本』第 6 巻，大月書店，『イラストで学べる選挙制度』（全三巻）汐文社，他

若菜　俊文（わかな　としゆき）
公民分野世話人［第 5 章］
1945 年宮城県生まれ
（現職）大東文化大学非常勤講師（社会科教育法など）
（主な著書・論文）『高校初期社会科の研究』学文社・共著，『社会科と私たち（高校で何を学ぶか④）』大月書店・共著，『知っておきたいお金の魔力』ほるぷ出版，『調べてみよう人間の権利』全 6 巻，ほるぷ出版・監修，他

泉　貴久（いずみ　たかひさ）［第 6 章］
1967 年東京都生まれ
（現職）専修大学松戸高校教諭・専修大学講師（非常勤）
『地球に学ぶ新しい地理授業』古今書院・共編，『中学総合的研究社会』旺文社・共著，他

荒井　正剛（あらい　まさたか）［第 7 章］
（現職）東京学芸大学附属竹早中学校副校長
（主な著書・論文）「中学校社会科地理的分野における外国地誌学習のあり方(2)アメリカ合衆国とマレーシアを事例とした実践的研究」『新地理』第 54 巻 3 号，他

春名　政弘（はるな　まさひろ）［第 8 章］
（現職）草加市立川柳中学校教諭
（主な著書・論文）『中学校の地理 30 テーマ＋地域学習の新展開』地歴社・共著，他

日原　高志　（ひはら　たかし）［第 9 章］
（現職）都立国立高校教諭
（主な著書・論文）「既存シミュレーション教材のパソコン・ソフト化」『新　シミュレーション教材の開発と実践』古今書院・共著，他

鳥塚　義和（とりづか　よしかず）
［第 10 章］
1959 年東京都生まれ
（現職）千葉県立柏中央高校教諭
（主な著書・論文）『授業が楽しくなる「歌と演説」』日本書籍，『15 年戦争教材発掘あれこれ』日本書籍，他

米山　宏史（よねやま　ひろふみ）
［第 11 章］
1960 年新潟県生まれ
（現職）法政大学高等学校教諭
（主な著書・論文）『躍動する古代ローマ世界』理想社・共編著，『世界史から見た日本の歴史 38 話』文英堂・共著，『東アジア世界

と日本』青木書店・共著，他

小堀　俊夫（こぼり　としお）［第12章］
1952年栃木県生まれ
（現職）埼玉県三郷市立瑞穂中学校教論
（主な著書・論文）『日本国憲法に出会う授業』かもがわ出版・共著，『わかってたのしい中学社会科歴史の授業』大月書店・共著，他

加藤　公明（かとう　きみあき）［第13章］
1950年千葉県生まれ
（現職）千葉県立薬園台高校教論
（主な著書・論文）『日本史討論授業のすすめ方』日本書籍，「民主社会の担い手を育てる歴史教育」『社会科研究』64号，2006年3月，他

河原　和之（かわはら　かずゆき）［第14章］
1952年京都府生まれ
（現職）東大阪市立縄手中学校教論・立命館大学講師（非常勤）
（主な著書・論文）「新 ウソッホントからはじまる公民学習」「HOW TO発言・討論の授業」日本書籍，他。NHKわくわく授業「コンビニから社会をのぞく」出演

武藤　章（むとう　あきら）［第15章］
1957年東京都生まれ
（現職）足立区立第八中学校教論
（主な著書・論文）『教科書に書かれなかった現代の社会』玄黄社・共著，『手にとる　公民・現代社会教材　入手と活用』地歴社・共著，他

杉浦　正和（すぎうら　まさかず）［第16章］
1951年山口県生まれ
（現職）私立芝浦工業大学柏高校教頭
（主な著書・論文）『生徒を変える　ディベート術』『授業を変える　ディベート術』国土社・編著，『原発，是か非か』ほるぷ，『手に取る 公民・現代社会　教材』地歴社・編著，他

井ノ口　貴史（いのくち　たかし）［第17章］
1951年長野県生まれ
（現職）京都橘大学教授
（主な著書・論文）『授業づくりで変える高校の教室1　社会』明石書店・編共著，他

松田　隆夫（まつだ　たかお）［第18章］
1946年広島県生まれ
（現職）東京都立戸山高等学校嘱託　現代社会・政治経済担当

杉浦　真理（すぎうら　しんり）［第19章］
1963年東京生まれ
（現職）立命館宇治高校教論・立命館大学講師（非常勤）
（主な著書・論文）「日本国憲法と出会う授業」かもがわ出版・共著，教科書「高校現代社会」一橋出版・共著，他

編者紹介

二谷　貞夫（にたに　さだお）　全体編集［第1章，私の授業］

1938年東京都生まれ
上越教育大学名誉教授
東京教育大学卒，東京教育大学大学院東洋史学博士課程中退
私立・国立高校・筑波大学・上越教育大学教員歴任
（専門分野）世界史教育・社会科教育・教師教育
（主要著書）
『世界史教育の研究』弘生書林，1988（単著）
『あたらしい歴史教育⑤』大月書店 ,1994（共編著）
『21世紀の歴史認識と国際理解』明石書店 2004（編著）
『中高校生のための中国の歴史』平凡社，2005（共著）
『「上越教師の会」の研究』学文社，2007（共編著）
『日韓で考える歴史教育』明石書店，2010（共編著）他

和井田　清司（わいだ　せいじ）　全体編集［第2章，私の授業］

1952年埼玉県生まれ
武蔵大学教授
東京教育大学（経済学）卒，筑波大学大学院（学校教育学）修了
公立高校教諭・上越教育大学助教授・同教授・国士舘大学教授を経て現職
（専門分野）教育実践研究，教師教育，社会科教育
（主要著書）
『授業が変わるディベート術!』国土社，1998（共編著）
『高校初期社会科の研究』学文社，1998（共著）
『教師を生きる―授業を変える・学校が変わる』学文社，2004（単著）
『内発的学校改革』学文社，2005（編著）
『「上越教師の会」の研究』学文社，2007（共編著）
『戦後日本の教育実践―リーディングス・田中裕一』学文社，2010（編著）他

中等社会科の理論と実践

2007年4月15日　第1版第1刷発行
2013年8月 8 日　第1版第5刷発行

編者　二谷　貞夫
和井田　清司

発行者　田　中　千津子
発行所　株式会社　学 文 社

〒153-0064　東京都目黒区下目黒 3-6-1
電話　03（3715）1501 ㈹
FAX　03（3715）2012
http://www.gakubunsha.com

印刷　新灯印刷

ISBN　978-4-7620-1648-6